PENSAR EL FUTURO

El Desarrollo Humano Sustentable en México

Serie *Ciencias del Desarrollo*

PENSAR EL FUTURO

El Desarrollo Humano Sustentable en México

Sergio Medina González

El Colegio de Puebla
Centro Universitario de Ciencias Económico Administrativas

El Colegio de Puebla

Miguel Ángel Pérez Maldonado
Presidente

Primera edición: 2012

ISBN: 978-607-7676-14-0

© El Colegio de Puebla
Tehuacán sur 91, Col. La Paz
CP. 72160. Puebla, México.
Tél. (222) 2265400 y 2265401.
www.colpue.edu.mx

© Universidad de Guadalajara
Centro Universitario de Ciencias
Económico Administrativas (CUCEA)
Periférico Norte 799
45100, Zapopan, Jalisco, México.
Tel: (33) 37703456
Fax: (33) 37703300 Ext. 5365
www.cucea.udg.mx

Impreso y hecho en México
Printed and bounded in México

Para Ivana, Oliver, Camila, Santiago y Rubén,
inspiración de este libro.

Agradecimientos

Deseo agradecer a las personas e instituciones que contribuyeron de forma directa o indirecta a enriquecer las ideas de este libro, algunas de éstas incompletas o inexactas, de las cuales soy único responsable. A todos ellos mi gratitud y aprecio por haber compartido su conocimiento, tiempo y experiencia en cada página de este libro.

Agradezco al Instituto Internacional para el Análisis y Sistemas Aplicados (IIASA) por haberme facilitado el acceso a información actualizada respecto a la relevancia del modelo presentado en este libro, el intercambio de datos con sus investigadores reforzó la descripción y relevancia de esta propuesta. De la misma manera, agradezco a El Colegio de México (COLMEX) y a sus investigadores, el apoyo y orientación ofrecida a lo largo de la elaboración de la presente obra. A la Secretaría de Medio Ambiente y Recursos Naturales (SEMARNAT) agradezco la retroalimentación y comentarios ofrecidos, especialmente en la primera parte de definiciones conceptuales de esta obra. De manera especial, deseo agradecer a la Universidad de Guadalajara, a la Secretaría de Educación Pública del Estado de Puebla y a El Colegio de Puebla A.C., por haberme brindado la oportunidad de presentar esta obra, y en especial, a quienes evaluaron el documento, ya que realizaron valiosas aportaciones en partes medulares del libro, dándole una visión más clara y precisa.

Durante los cinco años de redacción de esta obra, participaron directamente un gran número de personas, a todos ellos mi genuino aprecio y gratitud. A mis alumnos de la Universidad de Guadalajara que participaron y debatieron las ideas de esta obra durante las sesiones de clase, de todos aprecio sus sugerencias y críticas, las cuales ayudaron a fortalecer los argumentos presentados. A mis entrañables amigas y amigos, quienes han sido y serán una parte fundamental de mi vida, les aprecio su valioso tiempo de reflexión y debate; ustedes nutrieron y fortalecieron mi convicción de vida por el valor de la persona, el bien común e importancia de la amistad, la solidaridad y la fraternidad. Siempre me han acompañado en diversos proyectos generacionales dentro y fuera del país, éste no fue la excepción.

Especialmente, deseo agradecer a mi familia por haberme nutrido de alegría, paz, ilusión, esperanza, luz y fuerza, y apoyarme durante las largas horas de desvelo para la conclusión de este libro. Su amor y apoyo incondicional, es fuente inagotable de inspiración de cada palabra y pensamiento que aquí se expresan.

Finalmente, agradezco a Dios por permitirme desarrollar este proyecto y darme la oportunidad de verlo culminado.

Prólogo

Han pasado cinco años desde que este libro fue imaginado con la esperanza y la ilusión de contribuir a la reflexión, el diálogo y el diseño de políticas públicas para promover una sociedad más humana, libre, unida, solidaria, equitativa, incluyente y sustentable en el siglo XXI. En el transcurso de estos años, muchas cosas han cambiado en nuestro país y el mundo entero. Han sido tiempos difíciles para todos, especialmente para los más vulnerables. En momentos, pareciera que nuestro presente se ha limitado a vivir al día en la complejidad y dificultades de nuestra época, y que pensar en el futuro, es cosa de soñadores.

Soy un soñador, creo en el presente y en un mejor futuro para todo México. Vivo intensamente cada día sin menoscabo de contribuir al futuro. He sido afortunado en la vida, pero no ha sido nada fácil, todo ha sido producto del arduo esfuerzo, la constancia y el trabajo diario frente a las adversidades. En ocasiones de manera individual, pero muchas otras, el trabajo ha sido generacional. Creo en la labor en equipo, en la generosidad y bondad de la gente; en el lado positivo de nuestras acciones. No es ingenuidad, sino verdadera convicción por el bienestar de las personas.

Durante los últimos diez años, he combinando en la medida de lo posible mi pasión por el servicio público, la investigación y la docencia universitaria. Durante estos años, he constatado que en algunos temas la complejidad de la realidad de esta época rebasa la teoría del aula y de los libros. Sin embargo, estoy convencido de que no existe una mejor realidad presente y futura, sin antes haberla imaginado, soñado, anhelado, diseñado y planeado. La ciencia y el conocimiento sirven precisamente para imaginar y diseñar el desarrollo y futuro de la sociedad, entre mayores sean los problemas, será más relevante el uso del conocimiento y las ciencias para resolverlos. Estoy convencido de que sin misión no hay certeza del destino común y sin esperanza no hay futuro que nos convoque a unir nuestras genuinas diferencias y voluntades.

México es grande y reconozco los importantes logros y contribuciones de mujeres y hombres valerosos que han dado tanto a nuestra patria; el valor de nuestros héroes nacionales y la fortaleza de nuestras instituciones. Hemos alcanzado importantes logros en materia social, económica, política y ambiental, a pesar de las circunstancias tan complejas que nos ha tocado vivir, originadas principalmente por un mundo más globalizado e interrelacionado, así como por la reconfiguración que todos los mexicanos hemos buscado de nuestro país en un ambiente más plural y diverso.

El nuevo milenio arribó con grandes expectativas, pero también con innumerables dilemas y complejidades. Pasado, presente y futuro se unieron para llenar nuestras almas de ilusiones y anhelos, para unir nuestras diferencias e inequidades. El momento que hoy vivimos nos invita a hacer un alto en el camino para reflexionar y preguntarnos ¿hacia dónde queremos ir como sociedad en el siglo XXI?, ¿cuál es el futuro que deseamos para nuestros hijos y las próximas generaciones en el corto, mediano y largo plazo?, ¿qué estamos haciendo como ciudadanos para contribuir al desarrollo de este gran país que es México?, y ¿cómo nos estamos preparando para enfrentar los retos y cambios vertiginosos que nuestra sociedad y el mundo entero están experimentando?

Tal vez podamos tener varios puntos de vista y genuinas diferencias para responder a estas preguntas debido a nuestro bagaje cultural, regional, político, socioeconómico, religioso y otros más; sin embargo, todas estas divergencias pueden quedar a un lado si aceptamos que todos somos iguales, porque todos somos seres humanos. Reconocer y anteponer el valor de la persona que por tanto tiempo se olvidó y en algunos casos se omitió en nuestro país, nos permitirá establecer un diálogo y un acuerdo sobre lo que verdaderamente nos importa como sociedad. Esto es, la libertad, la trascendencia y la realización del ser humano.

Anteponer el principio de la centralidad de la persona en el diseño de planes, programas y estrategias desde el ámbito municipal, estatal y federal, así como en nuestro quehacer diario desde el ámbito privado, nos ayudará a resolver con esperanza y determinación viejos problemas estructurales y enfrentar con éxito los nuevos retos globales y nacionales. También, nos ayudará a reencontrar el camino para debatir y acordar en la concordia y la democracia, el diseño de un país incluyente y afrontar con éxito la pluralidad y complejidad política, económica, social y ambiental en que vivimos en el siglo XXI.

Este compromiso es el que motiva el surgimiento de esta obra, convencido de que al otorgarle a la persona su sitio central en el proceso de diseño de políticas públicas en los tres órdenes de gobierno de nuestro país, será posible vencer la apatía, la indiferencia, la desesperación y las inercias en las que México se encuentra, para proyectar de frente al futuro, el renacimiento de una nueva etapa de desarrollo en la vida nacional. Una nueva época de nuestra historia en la que los derechos, la dignidad y el bienestar de la persona, se constituyan como la brújula que guía y da sentido a los esfuerzos de los gobiernos, la iniciativa privada, las organizaciones de la sociedad civil y las familias, para promover y consolidar el nuevo paradigma del desarrollo humano sustentable en todos los rincones de México.

El reto es grande y es para todos los mexicanos. Por un lado requerimos del pleno conocimiento ciudadano de esta visión del desarrollo humano sustentable y del compromiso de todos los mexicanos para hacer realidad la corresponsabilidad intergeneracional que posibilite la sustentabilidad económica, social, ambiental y política del país en el siglo XXI. Asimismo, en algunos casos resulta impostergable el rediseño de un mejor andamiaje institucional en materia municipal, estatal y federal, que fomente la centralidad de la persona en los planes y programas gubernamentales, y que ubique al ser humano al centro de las estrategias de desarrollo.

En este sentido, está lo que a juicio del autor representa uno de los determinantes más importantes para el arribo a esta nueva visión del desarrollo, esto es, la actitud, los hábitos y las decisiones que a diario tomamos cada uno de los mexicanos y que determinan nuestros trayectos de vida. Es aquí en donde de manera gradual y sistemática, vamos construyendo nuestro presente y futuro, así como el de nuestros hijos, a veces consciente y en otras, inconscientemente. Es con la acción diaria de cada uno de nosotros y de nuestras familias y comunidades, con lo que determinamos lo que pasa en nuestro entorno, nuestros municipios, estados y el país entero.

Es verdad que las instituciones son fundamentales para el logro de las condiciones, los medios y los fines del desarrollo humano, pero más importante aún es la acción diaria de cada persona. Por esta razón, es fundamental estar conscientes de que la concepción y logro del desarrollo humano sustentable en México demanda de un trabajo generacional de millones de personas, que con genuino amor y valor por México, busquen un cambio de fondo en el estado actual de las cosas. Una generación que sueñe y luche sin temor hacia el futuro, por lo que cree y anhela; una generación que sin edad determinada, ubicación geográfica, condición socioeconómica o de género, busque afanosamente —tal y como lo hicieron las generaciones que nos antecedieron— el renacimiento de una patria más justa, equitativa, sustentable y armoniosa para el desarrollo pleno de cada mexicano.

Ante este reto y responsabilidad, este libro contribuye desde la teoría y la ciencia a este objetivo. La propuesta gira en torno a la necesidad de mejorar la organización de la realidad municipal, estatal y federal, a partir de una sólida plataforma teórica y metodológica que fortalezca las instituciones y promueva la participación ciudadana. Así, la teoría y la ciencia cumplen su genuino objetivo de servir al ser humano para el presente y futuro del país.

Pensar el futuro de México implica conservar sin dogmatismos lo que realmente sirve a la gente, conlleva voluntad de cambio para aceptar visiones modernas e incluyentes, significa actuar con sensibilidad social ante las demandas genuinas de la población más vulnerable, en esto consiste el desarrollo humano sustentable. Por ello —en estos tiempos de decisiones cruciales para la vida nacional— debemos, antes que nada, aportar lo mejor de nosotros en beneficio del país, apoyarnos en las grandes ideas de mujeres y hombres de ciencia que han dedicado sus vidas al servicio de la humanidad, la democracia, la libertad y la dignidad humana.

Para que el desarrollo humano sustentable florezca y se consolide en el corto, mediano y largo plazo en todas las comunidades del país, requerimos de la voluntad y determinación de cada uno de nosotros, de nuestras familias, comunidades, escuelas, municipios y de los estados; principalmente de quienes ostentan posiciones de liderazgo para actuar con un profundo compromiso con México. Por ello, esta nueva etapa de la vida nacional está llamada a ser la época de la concordia y la democracia como valores universales.

Nuestra cita y responsabilidad con el presente y futuro del país nos demanda a todos hoy más que nunca, estas virtudes para construir una patria más humana, equitativa, libre y solidaria que nuestros abuelos y padres soñaron y la que algún día, nuestros hijos nos demandarán.

Introducción

El destino nos alcanzó y nuestro futuro nacional se vislumbra complejo y extraordinario ante los viejos y nuevos desafíos que nos toca afrontar en este siglo XXI. El agotado andamiaje institucional, la amedrentada normalidad democrática y la fragmentada cohesión social y visión colectiva que hoy vivimos en los municipios, estados y el país en su conjunto, no resuelven la compleja realidad que los mexicanos enfrentamos en nuestros días. Todos somos corresponsables de ello y de la misma manera sin excepción, todos somos responsables de brindar lo mejor de cada uno de nosotros para afrontar con éxito estos retos y ganar con ello, el presente y futuro de México.

En este contexto y ante el compromiso y responsabilidad de proponer alternativas que nos permitan a los mexicanos transitar hacia un desarrollo pleno, justo, solidario y sustentable, es que surge la presente obra. *Pensar el futuro. El Desarrollo Humano Sustentable en México* es un libro que describe el nuevo paradigma de desarrollo, definido como el desarrollo humano sustentable. Esta nueva perspectiva de desarrollo se funda en los principios de la *centralidad de la persona, el bienestar común y la capacidad solidaria y autoregulatoria de la sociedad*, para garantizar en el corto, mediano y largo plazo, la adecuada administración de los recursos naturales, humanos y financieros en los procesos políticos, económicos y sociales, con el objetivo de que las presentes y futuras generaciones —en un entorno de concordia y democracia— logren sus proyectos de vida a lo largo del tiempo.

El libro está organizado en cuatro capítulos. El capítulo primero, titulado "El desarrollo humano sustentable en perspectiva", describe la evolución del concepto del desarrollo a nivel internacional y en México, exponiendo de manera detallada el significado y evolución de los conceptos de desarrollo sustentable y desarrollo humano, hasta arribar al nuevo paradigma del *desarrollo humano sustentable,* que representa el camino y la visión de un desarrollo integral y armónico del hombre en sociedad, con el medio ambiente.

Dicha descripción reafirma la convicción de que a través de la nueva visión del desarrollo humano sustentable, se articulan dos aspectos fundamentales para la vida del ser humano: la ubicación de la persona como el objetivo fundamental de las políticas públicas y el reconocimiento del medio ambiente como un bien colectivo que pertenece a las presentes y futuras generaciones. Por este motivo, este primer capítulo subraya la necesidad de continuar avanzando en el diseño de estrategias, programas y acciones transversales, basadas en una visión holística que además de contemplar los factores ecológicos, comprenda lo económico, lo social y lo cultural.

La riqueza conceptual y filosófica expuesta en la última sección del capítulo primero —referente a la visión del desarrollo humano sustentable—, nos conduce hacia una serie de reflexiones y consideraciones que perfilan el cambio gradual hacia una nueva relación entre el Estado y la sociedad, en la que se generen los equilibrios entre el éxito y la justicia social; la responsabilidad generacional y las recompensas; así como los proyectos económicos y el compromiso con el medio ambiente.

Así, tomando en cuenta las consideraciones conceptuales y filosóficas descritas previamente, el capítulo segundo, "Un marco teórico-conceptual para el desarrollo humano sustentable", describe el marco conceptual propuesto para el desarrollo humano sustentable, así como una metodología de organización social basada en la teoría general de sistemas, que visualiza a México como un sistema, integrado por subsistemas estatales y municipales.

En este segundo capítulo se presenta un modelo sistémico para la creación de políticas públicas desde el ámbito local, orientadas hacia la consolidación del desarrollo sustentable en el país. Dicho modelo representa la base para el diseño del nuevo modelo propuesto en la presente obra y el cual se encuentra fundado e instrumentado a partir de la teoría general de sistemas, por lo que el libro no sólo subraya la importancia de los valores y derechos inherentes de la persona en el proceso de desarrollo de la sociedad; sino que además, ofrece los elementos necesarios para que este proceso se lleve a cabo de acuerdo a rigurosas pautas metodológicas, respaldadas técnica y científicamente.

El capítulo tercero, titulado "Un modelo para el desarrollo humano sustentable", describe la organización y funcionamiento operativo del modelo propuesto. Este capítulo constituye la sección de mayor elaboración técnica y metodológica de esta obra, ya que aquí se describe detalladamente el proceso de creación de las políticas públicas, la articulación de los ejes y las dimensiones del modelo y la consecución gradual del desarrollo humano sustentable. En primera instancia explica la importancia y relevancia del modelo, subrayando la necesidad de mejorar la organización de la realidad municipal, estatal y federal, a partir de una sólida plataforma teórica y metodológica, que fortalezca las instituciones y promueva la participación ciudadana. Posteriormente describe los componentes operativos del modelo, denominados ejes y dimensiones, así como los elementos necesarios para multiplicar los beneficios del modelo, denominados palancas. Finalmente, detalla el funcionamiento del modelo, haciendo uso de elementos gráficos, a fin de ilustrar el proceso y temporalidad de creación de políticas públicas de corto, mediano y largo plazo, subrayando la importancia de la relación simbiótica entre la centralidad de la persona y la sustentabilidad.

Finalmente el capítulo cuarto, "Concordia y Democracia para el desarrollo humano sustentable", describe a la concordia nacional y al valor universal de la democracia, como los elementos imprescindibles para crear un ambiente necesario para el fortalecimiento del desarrollo humano sustentable en México. A lo largo de este último capítulo se resalta la necesidad de promover la concordia y la democracia en la sociedad, con la finalidad de que ambas virtudes fortalezcan el florecimiento de valores y actitudes que venzan la apatía, la indiferencia, la desesperación y las inercias en las que México se encuentra, para resolver desafíos como la inseguridad, la inequidad, la pobreza, la innovación y competitividad, así como la degradación del medio ambiente, entre otros.

A manera de cierre, este último capítulo invita al lector a la reflexión y al diálogo, a vivir plenamente en la concordia y la democracia, y a promover con energía y entusiasmo el concepto del desarrollo humano sustentable en las familias, las comunidades, los municipios y los estados. Es verdad que las visiones del desarrollo son variadas y en todos los casos, genuinas para los intereses de distintos actores sociales, económicos y políticos; sin embargo, esta alternativa metodológica para el desarrollo humano sustentable sostiene que los valores de la concordia y la democracia son fundamentales para el desarrollo armónico del país.

En resumen, a lo largo de los cuatro capítulos de este libro se construye de forma gradual, ordenada y esquemática, una propuesta de modelo de desarrollo democrático y participativo con visión de largo plazo que, desde el ámbito municipal y a través de la participación conjunta de todos los actores de la sociedad en los estados, constituye una alternativa para afrontar con éxito el presente y futuro del país.

Es oportuno subrayar que debemos sentirnos orgullosos de nuestra historia, pero no limitados por ella; es preciso evaluar las nuevas ideas, pero también estar abiertos a nuevos pensamientos que fortalezcan nuestras habilidades y condiciones para vivir en un país más unido, próspero y sustentable en el siglo XXI.

Es imprescindible *Pensar el futuro* para tener un mejor presente y mañana.

Abreviaturas

BID	Banco Interamericano de Desarrollo
CEPAL	Comisión Económica para América Latina y el Caribe
CIDAC	Centro de Investigación para el Desarrollo A. C.
CIDE	Centro de Investigación y Docencia Económicas
CIDEAL	Centro de Comunicación, Investigación y Documentación Europa-América Latina
CMMAD	Comisión Mundial sobre el Medio Ambiente y el Desarrollo
CNUMAD	Cumbre de la Tierra de la Conferencia de las Naciones Unidas sobre el Medio Ambiente y el Desarrollo
CODHEM	Comisión de los Derechos Humanos del Estado de México
CONACYT	Consejo Nacional de Ciencia y Tecnología
CONAPO	Consejo Nacional de Población
CONAPRED	Consejo Nacional para Prevenir la Discriminación
COPARMEX	Confederación Patronal de la República Mexicana
DHS	Desarrollo Humano Sustentable
ENEO	Encuesta Nacional de Ocupación y Empleo
FAO	Organización Alimentaria y de Agricultura

FCE	Fondo de Cultura Económica
FLACSO	Facultad Latinoamericana de Ciencias Sociales
FMI	Fondo Monetario Internacional
G-8	Grupo de los ocho
IDH	Índice de Desarrollo Humano
IIASA	Instituto Internacional para el Análisis de Sistemas Aplicados
IMCO	Instituto Mexicano para la Competitividad
INDESOL	Instituto Nacional de Desarrollo Social
INE	Instituto Nacional de Ecología
INEE	Instituto Nacional para la Evaluación de la Educación
INEGI	Instituto Nacional de Estadística, Geografía e Informática
ITESM	Instituto Tecnológico de Estudios Superiores de Monterrey
LGEEPA	Ley General del Equilibrio Ecológico y Protección Ambiental
NADB	Banco de Desarrollo de América del Norte
OCDE	Organización para la Cooperación y Desarrollo Económico
OEI	Organización de Estados Iberoamericanos para la educación ciencia y cultura
ONG	Organizaciones no Gubernamentales
ONU	Organización de las Naciones Unidas
OSC	Organización de la Sociedad Civil
PIB	Producto Interno Bruto
PNB	Producto Nacional Bruto
PND	Plan Nacional de Desarrollo
PNE	Programa Nacional de Ecología
PNUD	Programa de Naciones Unidas para el Desarrollo
PNUMA	Programa de las Naciones Unidas para el Medio Ambiente
PROFEPA	Procuraduría Federal para la protección al Ambiente
PROGRESA	Programa para Educación, Salud y Alimentación
PRONASOL	Programa Nacional de Solidaridad
PYMES	Pequeñas y Medianas Empresas
SAGARPA	Secretaría de Agricultura, Desarrollo Rural, Pesca y Alimentación
SEDESOL	Secretaría de Desarrollo Social

SEDUE	Secretaría de Desarrollo Urbano y Ecología
SEMARNAP	Secretaría de Medio Ambiente, Recursos Naturales y Pesca
SEMARNAT	Secretaría de Medio Ambiente y Recursos Naturales
SEP	Secretaría de Educación Pública
SHCP	Secretaría de Hacienda y Crédito Público
SNI	Sistema Nacional de Investigadores
TGS	Teoría General de Sistemas
TLCAN	Tratado de Libre Comercio de América del Norte
UNAM	Universidad Nacional Autónoma de México
UNDP	United Nations Development Programme
UNFCCC	United Nations Framework Convention on Climate Change
VIH	Virus de Inmunodeficiencia Humana
WBI	World Bank Institute

Capítulo I

El desarrollo humano sustentable en perspectiva

Cada vez que se habla sobre el desarrollo de una sociedad, invariablemente surgen ideas ligadas a la posibilidad de que las personas por sí mismas definan los satisfactores que más se apeguen a sus necesidades. Cada individuo posee una visión distinta sobre lo que significa la felicidad y sobre las cosas que, desde su punto de vista, son dignas de valorar. La mayor parte de las personas y sociedades están de acuerdo en que no requieren de un gobierno que se encargue de dirigir sus procesos de desarrollo; por el contrario simplemente demandan la posibilidad de vivir en un ambiente que les permita mostrar sus facultades y obtener el mayor beneficio que sean capaces de alcanzar con sus propios medios, sin tener que enfrentar situaciones de injusticia o corrupción.

Esto indica que las personas no requieren paternalismos gubernamentales; simplemente demandan la posibilidad de convertirse en el motor de su propio desarrollo y por ende, en los máximos beneficiarios —junto con sus seres queridos— del esfuerzo y trabajo que realizan a diario. Esta es la visión del desarrollo humano sustentable.

La preocupación por el desarrollo se ha presentado como una constante a lo largo de la historia moderna del hombre, convirtiéndose en una cuestión de interés permanente en el pensamiento universal; pues a través del desarrollo es posible responder desafíos y problemáticas sociales como la pobreza, la exclusión, inseguridad, el desempleo, la desigualdad y la degradación ambiental, desde los ámbitos político, económico, ambiental y social.

Sin embargo, la concepción del desarrollo no siempre tuvo la amplitud conceptual de la que goza en la actualidad; durante mucho tiempo el término *desarrollo* únicamente hacía referencia a la capacidad de una economía para elevar y sostener el incremento anual de su Producto Interno Bruto (PIB). Lo que actualmente se considera como uno de los medios para alcanzar el desarrollo, durante muchos años representó el más importante de sus fines.

Con la prominencia de esta forma de concebir el desarrollo, se aceleró la ampliación de la brecha entre el número de personas que ostentaban un nivel de vida adecuado y aquellas que sólo alcanzaban niveles de subsistencia; dinámica que propició que durante la década de 1960 se presentara un importante cambio de orientación en las estrategias del desarrollo.

Actualmente se reconoce que el ingreso medido agregado no satisface las necesidades de todos los habitantes de un país, y que la riqueza no es el bien último que busca la humanidad, aunque no se descarta su utilidad para alcanzar el desarrollo.[1]

En adición al incremento de la brecha de ingresos que se presentó durante el siglo XX, la globalización trajo consigo nuevas preocupaciones derivadas de un progresivo incremento de la población mundial, del surgimiento de redes de delincuencia organizada, del vertiginoso avance en los procesos tecnológicos y del deterioro medioambiental, que comenzaron a determinar el desarrollo o estancamiento de las naciones en todo el mundo.

Esta diversidad de aspectos ha motivado el surgimiento de nuevas aproximaciones teóricas para definir el desarrollo. Las nociones de *desarrollo sustentable* y *desarrollo humano,* representan un importante avance en la forma de concebir al desarrollo, pasando de un enfoque teórico utilitario y de concentración de riqueza agregada, hacia otro enfoque en el que la disminución de la sobreexplotación de los recursos y del deterioro ambiental, así como el combate a la pobreza y la búsqueda de mayores niveles de bienestar para los pueblos y satisfacción para las personas se colocan como los objetivos fundamentales.

---

[1] United Nations Development Programme (UNDP), *Human Development Report 1990*, UNDP, Nueva York, 1990, p. 11.

La importancia de estas concepciones sobre el desarrollo, ha resultado fundamental para integrar la visión holística del paradigma del desarrollo del siglo XXI: el desarrollo humano sustentable, que ubica a la persona como el principal sujeto y objeto de su desarrollo y fija sus objetivos en el largo plazo, lo que garantiza una mejor calidad de vida para las presentes y futuras generaciones.

Con esta base, a lo largo del presente capítulo se describe la evolución del concepto del desarrollo internacionalmente y en México, pasando por los conceptos de desarrollo sustentable y desarrollo humano, hasta ubicar al lector en el paradigma del desarrollo humano sustentable, con la finalidad de que en los capítulos posteriores sea posible ofrecer el marco teórico y metodológico necesarios para la construcción de un modelo para el diseño e implementación de políticas públicas para el desarrollo humano sustentable en México.

I.1 Desarrollo sustentable

Durante los últimos decenios se ha presentado un importante crecimiento de la preocupación por las implicaciones medioambientales que acompañan al crecimiento económico y que se relacionan estrechamente con el desarrollo de la humanidad. Hasta el último tercio del siglo XX, la sociedad se había enfocado en el crecimiento económico como única respuesta al desarrollo, considerando a la naturaleza como un reto a controlar y al entorno físico como una fuente inagotable de recursos al servicio del hombre. Este acelerado desarrollo industrial apartó al hombre del pensamiento sustentable, motivando elevados costos naturales relacionados con la sobreexplotación de recursos y el deterioro ambiental.

A partir de la década de 1960 la problemática ambiental despertó el interés de la comunidad científica, los gobiernos y la sociedad civil, quienes comenzaron a generar numerosos trabajos e investigaciones sobre el medio ambiente y a las posibles alternativas para continuar con el proceso de desarrollo sin agredir al entorno natural. Esta serie de postulados evidenciaban la inconformidad que privaba en el mundo ante los efectos negativos del crecimiento económico, tales como el agotamiento de los recursos naturales, la degradación atmosférica en ambientes rurales y urbanos, y la devastación forestal e hídrica, entre otros, los cuales reflejaban la urgente necesidad de poner un límite a esta estrategia de crecimiento.

Consecuentemente, la primera conferencia sobre la biosfera promovida por las Naciones Unidas en 1968 —con sede en París— centró sus esfuerzos en el análisis de las reservas energéticas mundiales para mantener el ritmo de crecimiento económico de esa época. Posteriormente, en 1972 se publicó el primer Informe del Club de Roma titulado *Los límites del crecimiento*, a partir del cual se obtuvo una visión más precisa sobre los alcances de la actividad humana como resultado de una mayor comprensión de los problemas ambientales y de la promoción del respeto por la diversidad natural.[2]

Durante el mismo año se realizó la Primera Conferencia Mundial sobre Medio Ambiente de las Naciones Unidas en Estocolmo, donde se reconoció que existía una imperiosa necesidad por invertir en investigaciones científico-ambientales y promover el funcionamiento del libre comercio bajo el concepto del uso racional de los recursos naturales. En dicha conferencia, Maurice Strong, primer presidente del Programa de las Naciones Unidas para el Medio Ambiente (PNUMA), propuso el término *ecodesarrollo*, que combinaba los conceptos de desarrollo y medio ambiente, al considerar que ambos tenían el propósito de mejorar la calidad de vida de las personas.

En 1980, la Unión Internacional para la Conservación de la Naturaleza dio a conocer la estrategia mundial de conservación, que puntualizaba el concepto de sustentabilidad en términos ecológicos, pero con muy poco énfasis en el desarrollo económico. Esta estrategia contemplaba tres prioridades en términos ambientales: el mantenimiento de los procesos ecológicos, el uso sostenible de los recursos y el mantenimiento de la diversidad genética en todo el mundo.

Tres años más tarde, la Organización de las Naciones Unidas estableció la Comisión Mundial sobre el Medio Ambiente y el Desarrollo (CMMAD), liderada por Gro Harlem Brundtland. El grupo de trabajo, mejor conocido como la Comisión Brundtland, empezó diversos estudios, debates y audiencias públicas en los cinco continentes, que culminaron en abril de 1987 con la publicación del Informe Brundtland, Nuestro Futuro Común, el cual planteaba la necesidad de encontrar un enfoque integral del desarrollo que fuese capaz de modificar las políticas ambientales a nivel mundial y de reconocer la responsabilidad de los países industrializados dentro de la problemática ambiental.

---

[2] Meadows, Donella H., Dennis L. Meadows, Jorgen Randers y William W. Behrens III, *The Limits to Growth*, Universe Books, Nueva York, 1972.

En este informe también se definió el concepto de desarrollo sustentable como "[...] el desarrollo que satisface las necesidades del presente, sin comprometer la capacidad de las generaciones futuras para satisfacer las suyas propias".[3]

Esta nueva visión del desarrollo y del medio ambiente, surgía como respuesta al creciente interés mundial por la protección del entorno humano y por los retos de sustentabilidad que el mundo tenía que enfrentar de cara al futuro. En este sentido, las políticas sustentables debían favorecer la interacción entre las personas y su entorno, así como la necesidad de una mayor colaboración entre los gobiernos y la sociedad en temas de preocupación común.

En 1988 se estableció un grupo intergubernamental de expertos sobre el cambio climático conjuntamente entre la Organización Meteorológica Mundial y el programa de las Naciones Unidas para el Medio Ambiente, con la finalidad de profundizar en la implementación de políticas públicas con el incipiente enfoque del desarrollo internacionalmente.

Durante la Cumbre de la Tierra de la Conferencia de las Naciones Unidas sobre el Medio Ambiente y el Desarrollo (CNUMAD) —celebrada en 1992 en Río de Janeiro—, se fortaleció la relación conceptual entre medio ambiente y el desarrollo, ajustándola a propuestas de carácter social y cultural. El concepto de desarrollo sustentable se amplió, al contemplar las nociones económica, política y social, además de la ambiental. En este escenario, cada Estado adoptaba el compromiso de dirigir su camino hacia el desarrollo sustentable de acuerdo con sus propias condiciones, necesidades específicas y objetivos; de forma que las generaciones del presente y las del futuro tuvieran acceso a las mismas oportunidades. Para ello se creó un plan de acción que englobaba elementos como el crecimiento demográfico, el comercio internacional, las formas de producción y consumo, y la deuda externa de los países en desarrollo.[4]

Adicionalmente, en 1992 se formularon dos declaraciones de principios, así como un vasto programa de acción sobre desarrollo sustentable mundialmente:

- Declaración de Río sobre el Medio Ambiente y el Desarrollo;

---

[3] United Nations World Commission on Environment and Development (UNWCED), *Our Common Future: Report of the World Commission on Environment and Development*, Oxford University Press, 1987.

[4] Este plan de acción es conocido como "Agenda 21" y se ha convertido en la base de muchos planes nacionales.

- Declaración de principios para reorientar la gestión, conservación y desarrollo sostenible de todos los tipos de bosques;
- El Programa 21, prototipo de las normas tendientes al logro de un desarrollo sostenible desde el punto de vista social, económico y ecológico.

Un paso posterior se dio en Japón en 1997 con la firma del Protocolo de Kyoto, en donde el principal tema en la agenda fueron las emisiones de dióxido de carbono y el problema del calentamiento global, por lo que se convocó a las grandes economías a que redujeran sus emisiones de gases de efecto invernadero a los niveles que se presentaban antes de la década de 1990, dentro del periodo que abarcaba los años 2008-2012.

Durante el siglo XXI la temática ambiental se ha colocado mundialmente con distintos foros de diálogo como la Tercera Cumbre Mundial de las Naciones Unidas sobre Ambiente y Desarrollo en Johannesburgo 2002, en la que se refrendó el compromiso de las naciones sobre la protección del medio ambiente, el desarrollo social y el desarrollo económico;[5] la Cumbre Mundial de las Naciones Unidas 2005, celebrada en Nueva York, en la que se ratificaron los compromisos del milenio por parte de las naciones miembro; la Conferencia de Naciones Unidas sobre Cambio Climático en Bali, Indonesia 2007, que sentó las bases para las negociaciones sobre la firma de un nuevo acuerdo que daría continuidad a lo estipulado en el Protocolo de Kyoto, renovando y ampliando los compromisos en torno al calentamiento global; y la Reunión de Ministros del Medio Ambiente del Grupo de los Ocho (G-8) de Kobe, Japón, en la que se analizaron distintas estrategias tendientes a reducir las emisiones de gases de efecto invernadero; así como múltiples cumbres regionales en todo el mundo sobre el desarrollo sustentable.[6]

Para el caso específico de México, si bien se reconoce el trabajo que los ambientalistas llevaron a cabo desde la década de 1960, referente al uso de los suelos, la importancia de la preservación de la inmensa flora y fauna silvestre de México, la necesidad de un alto a la deforestación desmedida en los bosques del país, entre otras temáticas; no fue sino

---

[5] Naciones Unidas, *Declaración de Johannesburgo sobre el Desarrollo Sostenible,* Naciones Unidas, Johannesburgo, 2002.

[6] Cumbre América Latina y Caribe – Unión Europea, Madrid 2002, Guadalajara 2004, Viena 2006, Lima 2008; Conferencia Internacional sobre la Financiación para el Desarrollo, Monterrey 2002; IV Foro Mundial del Agua, México 2006; Diálogo sobre el Cambio Climático, Bonn 2008; COP 16, Cancún 2011.

hasta mitad de la década de 1970, en concordancia con las discusiones y los esfuerzos que se realizaban en la esfera internacional, que comenzó a gestarse una conciencia sobre el medio ambiente como un todo nacional. En este sentido, la destacada labor de Víctor Urquidi, José Sarukhán, Mario Molina, Boris Graizbord, José Luis Lezama, Enrique Provencio, Alejandro Nadal, Norma Munguía, Gustavo Alanís, Gabriel Quadri, Julia Carabias, Víctor Lichtinger y Juan Rafael Elvira, entre otros, logró constituir a estos actores como una generación icónica en el impulso de una sólida agenda de investigación, protección y conservación del medio ambiente desde las esferas educativa, privada, social y gubernamental.

Con relación a Urquidi y su importante trabajo en foros internacionales y en México, Alejandro Nadal señala que "fue un visionario en cuanto a que los debates sobre medio ambiente y desarrollo en los que participó activamente, llegaron a configurar un programa de investigación que sigue siendo dominante y contiene poderosas ramificaciones hacia temas de gran importancia".[7] Como miembro de Club de Roma y tras asistir a la Primera Conferencia Mundial sobre Medio Ambiente en Estocolmo, Urquidi alertaba desde la década de 1970 sobre la urgencia de promover en México un desarrollo sustentable y equitativo que involucrara de manera integral y sistémica los ámbitos de las políticas públicas, económico, ambiental e incluso cultural.

En el contexto de una mayor preocupación por el deterioro medioambiental en el país, en 1971 se promulgó la Ley Federal de Prevención y Control de Contaminación Ambiental, mientras que en 1972 se creó la Subsecretaría de Mejoramiento del Medio Ambiente. Asimismo, México acudió a la conferencia de Estocolmo y poco después se hizo representar a través de la Secretaría de Relaciones Exteriores en la junta directiva del PNUMA.

A partir de 1983, el interés por la temática medioambiental por parte del gobierno nacional se amplió hacia las áreas de restauración ecológica, ordenamiento territorial, conservación, aprovechamiento y enriquecimiento de los recursos naturales, así como a la formación de una conciencia ambiental entre la ciudadanía. Así surgió la Secretaría de Desarrollo Urbano y Ecología (SEDUE) con una Subsecretaría de Ecología, que elaboró en 1984 el primer Programa Nacional de Ecología (PNE 1984-1988).

A finales de la década de 1980, las acciones de la SEDUE se enfocaron en la preven-

---

[7] Nadal, Alejandro (Ed.), *Obras Escogidas de Víctor L. Urquidi, Desarrollo Sustentable y Cambio Global,* El Colegio de México, México, 2007, p.13.

ción y control de la contaminación con la conformación de sistemas de control tales como el Sistema de Monitoreo de la Calidad de Agua, la Red de Monitoreo Atmosférico y la implementación de la verificación obligatoria para los vehículos, así como la implementación de planes de contingencia ambiental en el Distrito Federal.[8] El avance más significativo de esta década se presentó en 1988 con la publicación de la Ley General del Equilibrio Ecológico y Protección al Ambiente (LGEEPA), la cual mostró una visión integral de la problemática ambiental y logró sentar las bases para la descentralización en la aplicación y seguimiento de las normas ambientales con las autoridades estatales.[9]

En 1992 desapareció la SEDUE para dar paso a la conformación de la Secretaría de Desarrollo Social (SEDESOL), que asumió en aquel momento las atribuciones ambientales del país con la creación del Instituto Nacional de Ecología (INE)[10] y la Procuraduría Federal de Protección al Ambiente (PROFEPA), cuya creación permitió promover el cumplimiento de todos los aspectos estipulados en la LGEEPA y llenar los vacíos referentes a la procuración de medio ambiente; mientras que el INE contribuyó en la apertura de espacios de diálogo entre las entidades federativas y municipales del país, así como con las organizaciones no gubernamentales y asociaciones focalizadas al cuidado del medio ambiente.

En esta época, México se involucró de manera más activa en los foros internacionales, con lo que en 1991 se adhirió al Protocolo de Montreal, referente a la suspensión de la producción y comercio de las sustancias cloradas destructoras de la capa de ozono y posteriormente, en 1992, suscribió los compromisos de la Conferencia de Naciones Unidas celebrada en Río de Janeiro. Asimismo, la entrada en vigor en enero de 1994 del Tratado de Libre Comercio de América del Norte (TLCAN) y la consecuente creación de la Comisión de Cooperación Ambiental (CCA-TLCAN) ubicó a México, con

---

[8] Carabias, Julia y Enrique Provencio, "La política ambiental mexicana antes y después de Río", en Glender, Alberto y Víctor Lichtinger, *La diplomacia ambiental: México y la Conferencia de las Naciones Unidas sobre Medio Ambiente y Desarrollo*, Secretaría de Relaciones Exteriores/Fondo de Cultura Económica, México 1994, p. 406.

[9] Urquidi, Víctor L., "Los problemas del Medio Ambiente en las relaciones México-Estados Unidos", en Nadal, Alejandro (Ed.), 2007, *op. cit.*, p.254.

[10] El cual se encarga de la generación de información científica y técnica sobre problemas ambientales y la capacitación de recursos humanos para informar a la sociedad, apoyar la toma de decisiones, impulsar la protección ambiental y promover el uso sustentable de los recursos naturales. Instituto Nacional de Ecología, *Plan Estratégico 2001-2006*, INE, México, 2001.

sus socios comerciales, Estados Unidos y Canadá, en una posición de mayor vigilancia y necesaria colaboración en temas medioambientales.

La creciente importancia de la problemática ambiental en el ámbito nacional, motivó la creación en 1994 de la Secretaría de Medio Ambiente, Recursos Naturales y Pesca (SEMARNAP), que en 2000 se convirtió en la Secretaría de Medio Ambiente y Recursos Naturales (SEMARNAT), transfiriendo sus atribuciones en materia de pesca a la Secretaría de Agricultura, Ganadería, Desarrollo Rural, Pesca y Alimentación (SAGARPA). A partir de este año, el INE y la PROFEPA se convirtieron en organismos descentralizados, sectorizados a la SEMARNAT.[11]

Así, al término del siglo XX, la preocupación global por el medio ambiente había impulsado la creación de nuevas entidades gubernamentales, la construcción de un marco jurídico especializado y la generación de políticas públicas encaminadas a dar solución a problemáticas concretas como la contaminación atmosférica en las zonas Metropolitanas, la aplicación de las normas ambientales y la protección de la biodiversidad y zonas protegidas. No obstante estos esfuerzos, la política ambiental de México aún no gozaba de la prioridad en la conciencia nacional, en el gobierno, ni en los sectores empresariales y la sociedad civil; es decir, el país aún no lograba coordinar y dirigir las acciones de los gobiernos federal, estatales, municipales, del sector empresarial, de las organizaciones de la sociedad civil y fundamentalmente, de la ciudadanía en su conjunto, hacia la consolidación de un desarrollo sustentable.[12]

De acuerdo con la postura de José Luis Lezama, esta falta de visión del gobierno para entender con claridad aquello que durante años los investigadores en el tema medioambiental venían exigiendo a la población mundial, se traducía en la incapacidad de pensar de manera global en los problemas concretos.[13] El medio ambiente, comprendido como un bien colectivo, debía reconocerse como algo que pertenece a las presentes y a las futuras generaciones, y por tanto ser salvaguardado por la totalidad

---

[11] Guillén, Rodriguez Fedro Carlos (coord.), *Instituto Nacional de Ecología, Quince años de políticas ambientales en México. Memoria testimonial*, Secretaría de Medio Ambiente y Recursos Naturales-Instituto Nacional de Ecología, México, 2007, pp. 16-17.

[12] Urquidi, Víctor L., "Las Perspectivas de un Desarrollo Sustentable en México", en Nadal, Alejandro (Ed.), 2007, *op. cit.,* p.215.

[13] Lezama, José Luis, *El medio ambiente hoy. Temas cruciales del debate contemporáneo*, El Colegio de México, México, 2001, p.113.

de los actores del país a través de estrategias integrales y programas coordinados de mediano y largo plazo.

Los esfuerzos en México por buscar un desarrollo social en armonía con la naturaleza continuaron al implementarse una serie de programas entre los que destacó el Programa Nacional Hidráulico (2001-2006), el Programa Nacional Forestal (2001-2006), el Corredor Biológico Mesoamericano, el Programa del Mar de Cortés y el Programa Ambiental para la Juventud.

En relación a la procuración y conservación del medio ambiente en México, destaca la reforma realizada en diciembre de 2001 a la LGEEPA, referente a la transferencia de facultades relativas al sector ambiental desde la federación hacia los municipios; a la obligatoriedad de las empresas involucradas en actividades altamente riesgosas para llevar a cabo un registro de emisiones y contratar un seguro de riesgo ambiental; y al incremento de multas para actividades que atenten contra el medio ambiente. Durante el mismo periodo, también se promulgó la Ley de Desarrollo Rural. Asimismo, en mayo del 2005 entró en vigor la Ley General de Desarrollo Forestal Sustentable, que buscaba crear un nuevo modelo forestal para México, ofreciendo solución a problemas como la deforestación, la tala ilegal, así como la migración y la pobreza en las zonas forestales. Pese a todas estas acciones, algunos académicos percibían que aún era necesario llevar a cabo una profunda reflexión comprometida por parte del gobierno.[14]

Ante la importancia que revestía la temática en cuestión, en 2007 la administración federal ubicó a la sustentabilidad ambiental como uno de los ejes rectores del Plan Nacional de Desarrollo. En el documento se reconoce que una de las principales tareas que enfrenta el país es la de incluir al medio ambiente como un elemento primordial en las áreas de desarrollo económico y social; de ahí la importancia de ubicar a la sustentabilidad como un eje transversal de las políticas públicas.[15] Con el énfasis en la transversalidad de esfuerzos, el gobierno de México reconoció que el cambio climático conllevaba riesgos para la viabilidad del progreso económico, del bienestar y la salud, por lo que consideró necesario coordinar acciones, programas y políticas públicas que

---

[14] *Ibídem*, p. 274.

[15] Presidencia de la República, *Plan Nacional de Desarrollo 2007-2012*, Presidencia de la República, México, 2007.

involucrasen a todos las secretarías y niveles de gobierno, y no solamente a los encargados de la procuración y cuidado del medio ambiente.[16]

En los últimos años, México ha logrado asumir un renovado liderazgo en la esfera internacional, al impulsar la creación de un fondo mundial contra el cambio climático denominado Fondo Verde, el cual busca promover consensos internacionales en materia de reducción de emisiones de carbono. Dicho fondo está basado en el principio de responsabilidades comunes pero diferenciadas, en el que cada país asume compromisos de acuerdo a sus circunstancias y prioridades de desarrollo, y se constituye además como un programa de estímulos económicos. Así, se propone que cada país otorgue aportaciones económicas al fondo de acuerdo a sus posibilidades y pueda retirar recursos del mismo, en la medida que sea capaz de reducir o evitar las emisiones de carbono. El compromiso de México en torno al cambio climático responde a lo explicado por Mario Molina:

> El cambio climático es tal vez el problema ambiental global que actualmente más preocupa a la humanidad; es de hecho, un problema que implica una compleja interacción de asuntos científicos, económicos y políticos. Los impactos del cambio climático pueden ser de gran magnitud y estos ocurrirán a lo largo de décadas y hasta siglos. Las acciones necesarias para atender este reto requieren de compromisos de largo plazo para cambiar los patrones tradicionales de desarrollo en muy diversas partes del mundo.[17]

En línea con el proyecto del Fondo Verde, México anunció en junio de 2009 el programa especial de cambio climático, que tiene como base la Estrategia Nacional de Cambio Climático 2007. El Programa tiene como objetivo la reducción plena de emisión de bióxido de carbono para el 2012, aunque también contempla planes de mediano y largo plazo. De manera específica, dicho programa enfatiza la necesidad de trazar acciones coordinadas que involucren a todas las dependencias del gobierno federal, por lo que refrenda su apoyo al sector vivienda en el desarrollo de unidades habitacionales que busquen ahorrar agua, energía eléctrica y gas, y contempla una estrategia para conservar los ecosistemas

---

[16] Galindo, Luis Miguel (Coord.), *La Economía del Cambio Climático en México, Síntesis*, Gobierno Federal, México, 2009, p. 7.

[17] Molina, Mario, *Testimonio de Mario Molina en la Audiencia del Comité de Energía y Recursos Naturales*, Universidad de California, San Diego, 21 de julio de 2005.

y reducir la deforestación, entre otras acciones. Asimismo, busca alentar una mayor conciencia ciudadana en torno al cuidado al medio ambiente, al promover un cambio en los hábitos de consumo y apoyar a la iniciativa privada en la generación de nuevas tecnologías. De esta manera, México se alinea de una manera más clara y contundente a la visión internacional, que reconoce que es menos costoso invertir en la actualidad, en medidas que disminuyan los riesgos del cambio climático, que en contener los daños en el futuro.[18]

Tras el recuento de algunos de los sucesos más importantes en los ámbitos internacional y nacional en materia medio ambiental, resulta evidente que el desarrollo sustentable se ha colocado como uno de los eslabones fundamentales en la evolución de las teorías del desarrollo y en la conformación de una visión comprometida con el crecimiento económico, la naturaleza y el bienestar de las personas. Tanto a nivel internacional como en México, "cuidar el medio ambiente para las siguientes generaciones se ha convertido en una obligación moral a la que prácticamente nadie se opone".[19]

Sin embargo, el reto trasciende el reconocimiento o compromiso con la problemática medioambiental, es necesario seguir avanzando en el diseño de estrategias, programas y acciones transversales, basadas en una visión holística que además de contemplar los factores ecológicos, comprenda los ámbitos económico, social y cultural. Ante esta tarea, resulta imprescindible asumir plenamente la responsabilidad por hacer de la protección del medio ambiente en México una tarea coordinada de gobiernos, iniciativa privada y sociedad civil.

> Si México ha de entrar en el proceso del desarrollo sustentable, más allá de tenues políticas ambientales, tendrá que asumirlo como compromiso de toda la sociedad. Para ello se requerirá adelantar en la democratización efectiva y participativa, en el diseño de estrategias económicas de largo plazo, con autonomía de valoración, y revertir el deterioro ambiental, la creciente desigualdad social, [...] y alcanzar una congruencia general entre los fines y los medios. Ese será el gran desafío para el siglo XXI.[20]

[18] HM Treasury Stern Review, *Stern Review: La Economía del cambio climático*, Londres, 2007, p.3.

[19] Suárez, Vicente, "Intervención de Vicente Suárez en la Conferencia de Sujetos del Derecho Ambiental: Humanos y no Humanos", *Serie de Diálogos Plurales sobre el Medio Ambiente 2009*, Centro de Estudios Demográficos, Urbanos y Ambientales (CEDUA), Colegio de México, México, 2009.

[20] Urquidi, Víctor L., "El gran desafío del siglo XXI: El desarrollo sustentable. Alcances y riesgos para México", en Nadal, Alejandro (Ed.), 2007, *op. cit.*, p. 232.

I.2 Desarrollo humano

La creciente evidencia de que el deterioro ambiental traía consigo serias consecuencias para la humanidad, propició un importante cambio en la forma de concebir el desarrollo, tal como fue analizado a lo largo de la sección anterior; sin embargo, esta problemática sólo constituía uno de los factores globales que durante el último tercio del siglo xx generaron importantes críticas al sistema prevaleciente a nivel mundial. Así, de manera similar a la preocupación medioambiental de dicho periodo, la necesidad de trazar un enfoque que ubicara a la persona como el actor fundamental y el principal receptor de los beneficios del desarrollo, permitió que desde distintos ámbitos y escenarios comenzaran a surgir propuestas sobre lo que el desarrollo debía significar a la luz de una visión humanista. Como parte de estos esfuerzos, destaca la importante labor de organismos internacionales, como el Programa de Naciones Unidas para el Desarrollo (PNUD), que se dieron a la tarea de evaluar la eficacia de las políticas públicas que los gobiernos habían implementado para enfrentar los desafíos globales.

Al percatarse de que el énfasis desmedido en el crecimiento económico había puesto en riesgo la gobernabilidad de algunas naciones al incrementar la pobreza y limitar el bienestar de las personas, surgió la propuesta de reorientar la concepción que se tenía sobre el desarrollo económico hacia un desarrollo centrado en las personas. Como resultado, el desarrollo comenzó a considerarse como la oportunidad de que las personas pudieran aumentar sus capacidades dentro de la sociedad y con ello hicieran un mejor uso de sus habilidades en cuestiones económicas, culturales, sociales y políticas; dejando de lado la visión de un desarrollo fundado en el resultado de la acumulación de riqueza. Así, la visión del desarrollo humano se posicionó como una propuesta fundamental en el ámbito internacional.

La perspectiva del desarrollo humano del PNUD fue articulada en 1990 por el fundador del Informe Mundial del Desarrollo Humano, Mahbub Ul Haq y el Premio Nobel de Economía, Amartya Sen. Esta concepción contemplaba a la persona como el principal objeto y sujeto del desarrollo, al indicar que el hombre no sólo representaba un elemento más en la construcción teórica del crecimiento económico, sino que se debía constituir como en el principal motor en la búsqueda de su propio bienestar.

Así, el concepto de desarrollo humano se enfoca en los fines más valorados por las personas y no sólo en la riqueza económica. El objetivo real del desarrollo debe, desde esta perspectiva, estar orientado hacia la creación de un ambiente que permita a las personas alcanzar una vida dotada de los elementos que más valoran y que implican su realización personal, puesto que su objetivo fundamental consiste en ampliar sus opciones y su nivel de bienestar mediante el incremento de su satisfacción integral.

En este sentido, el concepto de desarrollo humano acuñado por el PNUD, es dividido en dos partes fundamentales con base en sus objetivos: por un lado, busca garantizar la formación de las capacidades humanas mediante la mejora del ingreso, la salud y la escolaridad de las personas; y por otro lado, intenta potenciar el uso que estas personas hacen de sus capacidades para su aplicación en actividades de trabajo y ocio.[21] Así, el desarrollo humano se alcanza cuando las personas aumentan su capacidad para transformarse en los actores que guían y determinan su propio camino, a partir de las opciones y aspiraciones que eligen libremente. Dentro de esta concepción, el capital social cobra una gran importancia al representar el conjunto de normas, redes, organizaciones, tradiciones, actitudes y valores, que generan cohesión entre la sociedad y potencian el desarrollo.[22]

Si bien, la calidad de vida se considera como un elemento subjetivo, el PNUD ha realizado un importante esfuerzo por convertirlo en un concepto susceptible de medición, al construir el Índice de Desarrollo Humano (IDH), que permite evaluar los avances o retrocesos en las condiciones de vida de los habitantes de cada país.[23] Asimismo, el IDH establece criterios sobre el desarrollo, caracteriza el diseño de políticas, programas y acciones del sector público, y define los objetivos que, de acuerdo con esta visión, es recomendable perseguir en términos de bienestar.

El IDH combina tres componentes para evaluar el progreso de los países en materia de desarrollo humano: la riqueza —a través del PIB per capita—, la esperanza de vida

---

[21] United Nations Development Programme (UNDP), *Human Development Report 2005*, Oxford University Press, Nueva York, 2005, p. 21.

[22] Sobre la relación entre el desarrollo humano y el capital social se abunda en el capítulo III del presente documento. Ver: De Vylder, Stefan, *Sustainable Human Development and Macroeconomic Strategic Lines and Implications*, United Nations Development Programme (UNDP), Nueva York, 1995.

[23] Resulta importante reconocer que una metodología como esta, que pretende medir el bienestar global, corre el riesgo de pasar por alto un sinnúmero de aspectos que afectan a la sociedad; sin embargo, se reconoce como una importante contribución con cierto nivel de consenso a nivel internacional.

—a través del índice de esperanza de vida al nacer— y la educación —a través de las tasas de alfabetización y escolaridad—, cada uno con la misma ponderación. Este índice se ha convertido en un punto de referencia para realizar comparaciones internacionales, incluso muchos países lo han adoptado como instrumento de política y como un indicador del progreso o retroceso de sus políticas nacionales.

El índice clasifica el nivel de desarrollo humano de los países de acuerdo a tres categorías: alto, medio y bajo. Los países con un alto desarrollo humano son aquellos cuyo IDH es de 0.8 a 1.0, los países con desarrollo humano medio se ubican entre 0.5 y 0.8; y finalmente, los países con desarrollo humano bajo cuentan con 0.5 o menos. Este índice ha aportado una amplia riqueza conceptual, ya que facilita la identificación del nivel de determinadas variables como la educación y la salud, que determinan la calidad de vida de las personas y permiten mostrar los puntos de tensión para solucionar aspectos prioritarios.[24] Adicionalmente, el PNUD publica informes periódicos sobre el desarrollo humano en distintos países.

En México, el Informe sobre Desarrollo Humano en México 2002, convoca a los actores políticos, económicos y sociales a reflexionar sobre las estrategias de desarrollo que hasta ahora se han implementado en el país; mientras que el Informe sobre Desarrollo Humano en México 2004, el Reto del Desarrollo Local, destaca la importancia de otras variables distintas al ingreso, la educación y la salud que limitan o amplían el desarrollo de las personas, como la seguridad, el acceso a la justicia y la acción política en áreas específicas. Finalmente, el Informe sobre el Desarrollo Humano en México 2006-2007, Migración y Desarrollo, aborda aspectos socioeconómicos que determinan la obtención de niveles superiores de desarrollo en países afectados por el fenómeno migratorio, tales como México.

En el ámbito internacional, el reporte de 2010 ubica a México en la posición 56 de entre 169 países, mientras que el primer lugar lo ocupa Noruega y el último Zimbabwe.[25]

---

[24] Ul Haq, Mahbub, *Reflections on Human Development*, Oxford University Press, Nueva York, 1995, p. 44.
[25] United Nations Development Programme (UNDP) *Human Development Report 2010, The Real Wealth of Nations: Pathways to Human Development*, UNDP, Nueva York, 2010, pp. 143-214.

Tabla I.1 Clasificación mundial de los índices de desarrollo humano, 2010.

Posición	País	IDH
1	Noruega	0.938
2	Australia	0.937
3	Nueva Zelanda	0.907
4	Estados Unidos	0.902
5	Irlanda	0.895
6	Liechtenstein	0.891
7	Holanda	0.89
8	Canadá	0.888
9	Suecia	0.885
10	Alemania	0.885
...	...	...
56	México	0.75

Fuente: PNUD, 2010.

Si bien la visión del desarrollo humano no ha ofrecido un modelo teórico de aplicación para alcanzar altos parámetros en el IDH, sí ha logrado contribuir, desde la creación del índice, al diseño e implementación de políticas nacionales y locales para que los países alcancen mayores niveles de bienestar. Lo anterior, al centrar la atención de los actores políticos en la necesidad de canalizar los esfuerzos de la política social hacia los elementos que conforman el índice.

De manera específica, y a la par de los esfuerzos en el ámbito internacional en materia de desarrollo humano, las estrategias y programas de política social del gobierno de México comenzaron a modificarse a partir de mediados de la década de 1990, periodo en el que el país requería reaccionar con prontitud y contundencia ante los efectos sociales de una severa crisis propiciada por una pronunciada devaluación del peso mexicano, una repentina alza en las tasas de interés y la consecuente fuga de capitales de inversión. La crisis de 1994-1995 mostró sus peores efectos en la clases más desprotegidas del país, acentuando los niveles de pobreza y empeorando la situación de desigualdad social que existía previamente,[26] por lo que el gobierno emprendió una serie de acciones emergentes que buscaban recuperar la estabilidad macroeconómica y frenar el deterioro en la calidad de vida de los mexicanos. Los puntos neurálgicos de la política económica consistían en un estricto control de la inflación y del gasto público, mientras que en lo social se buscaba disminuir los niveles de pobreza con la aprobación en 1997, del Programa para Educación, Salud y Alimentación (PROGRESA).

El desarrollo de las capacidades y potencialidades de la persona, a través de acciones integrales en materia de salud, alimentación y educación, aunado al impulso de la participación activa de la ciudadanía, constituían los principales ejes de PROGRESA. Si bien, este programa heredó algunas de las características de su predecesor (Programa Solidaridad, Pronasol),[27] PROGRESA llevó a cabo cambios importantes como el hecho de que la mayor parte de los apoyos a los beneficiaros comenzaron a ser monetarios y no en especie, de esta manera se le brindaba a las familias mayor libertad de elección. Asimismo, se avanzó en la transparencia de las asignaciones, y la eficacia y focalización de los apoyos, por lo que se registraron mejoras en materia de descentralización operativa y de recursos, además de darse un aumento en la cobertura y en la calidad de los servicios otorgados.

Los cambios al principal programa social del gobierno en materia de combate a la pobreza, fueron parte de una reorientación general de los programas sociales en México, que implicaron transitar de acciones que se enfocaban principalmente a transferir ingresos a través de diversos medios hacia programas integrales que fomentaban la inversión en capacidades, impulsaban el capital humano y permitían brindar a las perso-

---

[26] Tras la crisis de 1994-1995 en México, los índices de pobreza extrema registraron un repunte sin precedentes al alcanzar tasas de crecimiento de 40, 170 y 80 por ciento a nivel rural, urbano y nacional respectivamente; mientras que los niveles de pobreza moderada alcanzaron tasas de crecimiento cercanas al 10, 38 y 25 por ciento. Los indicadores de *pobreza moderada* y *pobreza extrema* definidos por el Banco Mundial se refieren al porcentaje de la población que vive con dos dólares diarios o menos para el caso de la pobreza moderada; mientras que la pobreza extrema se define como el porcentaje de la población que vive con un dólar diario o menos. Para mayor información consultar: Banco Mundial, *Poverty in Mexico: An Assessment of Conditions, Trends, and Government Strategy*, Banco Mundial, 2004, Estados Unidos, pp. XVIII-XIX.

[27] Para mayor información sobre el Programa Solidaridad, ver: Secretaría de Hacienda y Crédito Público, *La planeación del desarrollo en la década de los noventa. Antología de la planeación en México*, Tomo 22, SHCP y FCE, México, 1992.

nas las herramientas necesarias para convertirse en agentes de su propio desarrollo.[28]
Esta visión buscaba alejarse de un modelo meramente asistencialista, para acercarse a
un modelo de desarrollo que permitiera ampliar las libertades de las personas, y sobre
todo las de los sectores más vulnerables:

> Progresa constituye un ejemplo de una política distributiva que tiene por objeto combatir
> la pobreza extrema y que, de alguna manera, sigue la línea de argumentación propuesta
> por autores como Sen. [...] la posibilidad de elección se manifiesta de tres modos: pri-
> mero, en la aceptación de pertenecer al programa; segundo en la posibilidad de utilizar el
> apoyo monetario de la manera que más convenga a la familia; tercero en el compromiso
> de cumplir con los requerimientos del programa.[29]

Las transformaciones registradas en la política social de México, también representaban
un reflejo del análisis y reflexión en torno a los efectos nocivos que la implantación
ineficaz del modelo neoliberal había tenido en la población más vulnerable del país.
Así, Progresa enfatizaba en que el crecimiento sostenido, si bien era indispensable para
generar las condiciones que permitieran el mejoramiento de los niveles de vida, resul-
taba insuficiente para ampliar las oportunidades de desarrollo en todas las regiones del
país, impulsar una distribución más equitativa del ingreso y eliminar las condiciones de
marginación entre los mexicanos.[30] De esta manera, se reconocía que invertir en las
capacidades de las personas representaba el punto clave para ampliar las libertades
y oportunidades futuras de desarrollo, así como la posibilidad de que el crecimiento
económico del país estuviese guiado por los ciudadanos y fuera sostenible en el tiempo.

No obstante el mayor énfasis en el desarrollo de las capacidades y potencialidades
de las familias, como uno de los principales objetivos del gobierno, no fue sino hasta el
año 2000, que el concepto de desarrollo humano se ubicó como eje rector del Plan Na-

[28] Levy, Santiago y Evelyn Rodríguez, *Sin herencia para la pobreza: El Programa Progresa-Oportunidades de México*, Banco Interamericano de Desarrollo-Editorial Planeta, México, 2005.
[29] Dieterlen, Paulette, "Progresa y la atención a las necesidades básicas", en Centro de Investigaciones y Estudios Superiores en Antropología Social (CIESAS), *Alivio a la pobreza, análisis del Programa de Educación, Salud y Alimentación dentro de la política social: memoria del seminario*, CIESAS, México, 1998, p.14.
[30] Presidencia de la República, *Progresa: Programa de Educación, Salud y Alimentación*, Presidencia de la República, México, 1997, p. 5.

cional de Desarrollo y de la estrategia y programas de gobierno. Así, en dicho periodo se señalaba que la sociedad incluyente se fundaba en un desarrollo humano pleno en el que la igualdad de oportunidades y la dimensión social de la justicia, debían ser una prioridad.[31]

En este escenario, PROGRESA cambió su nombre en 2001 a PROGRAMA DE DESARROLLO HUMANO OPORTUNIDADES, además de que el Congreso aprobó modificaciones sustanciales, como una ampliación en la cobertura del programa y una extensión por tres años de las becas educativas, a fin de que estas cubrieran hasta la educación media superior de los beneficiarios; asimismo, se incrementaron los recursos presupuestales destinados a los programas para el desarrollo humano y social.[32] Para 2009, Oportunidades contaba con un presupuesto de 24,413 millones de pesos mientras que en 2010 con 63,089.[33]

El impacto positivo mostrado por Progresa-Oportunidades en materia de reducción de pobreza y desigualdad en las comunidades donde opera, se materializa a través del aumento en las tasas de transición entre la educación básica, media y media superior. Asimismo, el programa ha mejorado los indicadores nutricionales de los beneficiarios, permitiendo que la política social trascienda los periodos sexenales de gobierno. Una parte innovadora del programa consiste en que comparte la visión del PNUD sobre desarrollo humano, al colocar a las personas al centro del proceso de desarrollo y en particular, como los tomadores de decisiones sobre lo que pueden ser y hacer; además de concebir a la pobreza como la ausencia de uno de los componentes centrales de la vida: la libertad humana,[34] definida por Sen como el fin último del desarrollo humano, el cual habilita a las personas a ser, decidir y actuar conforme a lo que valoran, y de acuerdo a las posibilidades de crecimiento personal e intelectual a las que han tenido acceso a lo largo de sus vidas.

Los esfuerzos y acciones constantes en términos de desarrollo humano en México sugieren que aún falta dar respuesta a diversos aspectos relacionados con la reducción en los índices de pobreza y desempleo, infraestructura, cobertura y calidad de los

[31] Presidencia de la República, *Plan Nacional de Desarrollo 2001-2006*, Presidencia de la República, México, 2001.

[32] En dos años, el Programa Oportunidades duplicó la cobertura de familias beneficiadas, al pasar de 2.5 millones de familias en el año 2000, a 4.2 millones para el año 2003. Asimismo el presupuesto del Programa se incrementó de 9.6 millones de pesos canalizados en el año 2000 a 22.5 millones de pesos para 2003.

[33] Presupuesto de Egresos de la Federación para los ejercicios fiscales 2009 y 2010.

[34] Cruz, Carlos, Rodolfo de la Torre y César Velázquez (Comp.), *Evaluación externa de impacto del Programa Oportunidades 2001-2006*, Instituto Nacional de Salud Pública, México, 2006, p.19.

servicios básicos, así como educación y generación de capital humano, entre otros. De esta manera, no obstante las evaluaciones favorables que organizaciones nacionales e internacionales han realizado a los programas de política social como Oportunidades; también se ha insistido en que estos programas han resultado insuficientes para detener el ciclo de la pobreza en México, ya que la transmisión intergeneracional de la pobreza sólo se puede detener cuando las futuras generaciones obtengan mayores beneficios en comparación con la generación actual, de forma que sean capaces de alcanzar la posibilidad de llevar a cabo las acciones y actividades que desde su punto de vista son dignas de valorar para ser feliz, ya que "una mejor nutrición, acceso a servicios de salud y educación, son necesarios, pero no suficientes para alcanzar ese objetivo".[35]

La generación de capital humano y de mayores oportunidades de ingresos, constituyen elementos fundamentales para lograr que las personas puedan asumir plenamente su responsabilidad en el proceso de desarrollo de su familia y comunidad, y con ello lograr que las acciones realizadas en materia de desarrollo humano en el presente rindan frutos en un futuro. A estos elementos se suman cuestiones de seguridad humana, migración, descentralización y democracia, entre otros factores, que inciden en el índice de desarrollo humano y que además requieren ser contemplados por los programas de política social de los gobiernos de México.

En este sentido, el PNUD-México ha centrado sus esfuerzos en el combate a la pobreza y la desigualdad, la integración productiva, el fomento a la democracia, la conservación del medio ambiente y el fortalecimiento de la cooperación productiva internacional, además de colaborar con el gobierno a través de una estrategia de largo plazo que tiene como finalidad que la economía del país evolucione, basada ésta en el talento humano.

Lo anterior evidencia que el impulso del desarrollo humano del país es una tarea compleja y multidimensional que requiere de soluciones integrales y sobre todo, de un esfuerzo coordinado entre los gobiernos federal, estatales y municipales, así como de una mayor participación de la ciudadanía, a fin de que el modelo de desarrollo implementado sea sustentable en el tiempo e integral en términos metodológicos:

---

[35] Levy, Santiago, *Good Intentions, Bad Outcomes: Social Policy, Informality, and Economic Growth in Mexico*, Brookings Institution Press, Washington, 2008, p. 226.

Para los países de ingreso medio, alcanzar el desarrollo no es una cuestión simplemente de aumentar recursos públicos, sino de mejorar el funcionamiento institucional. La heterogeneidad y desigualdad existentes en la población mexicana han generado como respuesta, una oferta variada de políticas y programas que buscan dar atención a segmentos poblacionales muy diferentes entre sí. Esta oferta no se ha generado de forma ordenada e integral, probablemente como resultado de la propia estructura programática del gobierno federal, que organiza la acción gubernamental por sectores y carece de mecanismos suficientes para articular las acciones de éstos.[36]

La visión del desarrollo humano ha encontrado terreno fértil a nivel internacional y en México, además de consolidarse como una propuesta objetiva en la promoción del desarrollo, debido a su capacidad para contemplar la expansión de las capacidades de la persona y el mejoramiento de su calidad de vida mediante indicadores muy accesibles. Así, la ventaja del Reporte del Desarrollo Humano, no sólo consiste en la existencia de su índice, sino en que adicionalmente ofrece una serie de análisis detallados y fundamentados sobre aspectos relacionados con el desarrollo humano a nivel global y en determinados países en desarrollo.

Como evidencian los esfuerzos nacionales e internacionales en torno al desarrollo humano y al desarrollo sustentable, el desarrollo ha comenzando a concebirse como un aspecto integral y transversal, en contraposición con el concepto tradicional que sólo consideraba aspectos económicos; sin embargo no es suficiente con ubicar al desarrollo humano o al desarrollo sustentable como eje rector de las políticas públicas, también se requiere de un mayor esfuerzo institucional que permita generar soluciones y que articule de manera sistémica, las problemáticas y los actores involucrados.

En este escenario, resulta indispensable que los gobiernos, la iniciativa privada y la sociedad, avancen juntos y de manera coordinada en la ampliación de las capacidades, y por tanto, de las libertades de las personas. Además de la inclusión de los actores involucrados, para transitar hacia un modelo sustentable a lo largo del tiempo, resulta

---

[36] Naciones Unidas México y Gobierno Federal, *Los Objetivos de Desarrollo del Milenio en México: Informe de Avance 2006*, Gabinete de Desarrollo Humano y Social /Comisión Intersecretarial de Desarrollo Social, México, 2006, p. 21.

fundamental que los esfuerzos encaminados a elevar los niveles de desarrollo humano y desarrollo sustentable cuenten con un marco conceptual y metodológico capaz de materializar los esfuerzos en niveles reales de desarrollo.

1.3 Desarrollo humano sustentable

Las concepciones de desarrollo humano y desarrollo sustentable descritas previamente constituyen el preámbulo teórico y filosófico para el surgimiento del concepto del desarrollo humano sustentable (DHS) como una visión holística capaz de ofrecer los beneficios de ambos enfoques de una manera integral. Las aportaciones de Haq y Sen sobre la importancia de un desarrollo integral de la persona y el interés creciente de la sustentabilidad como requisito fundamental en el proceso de desarrollo, dieron paso a un nuevo paradigma de desarrollo que buscaba dar respuesta a los retos sociales, políticos, económicos y medioambientales, y que tenía como principal finalidad asegurar el pleno bienestar de las personas tanto en el presente como en el largo plazo.

En este sentido, en 1994 el PNUD armonizó los conceptos de desarrollo humano y desarrollo sustentable al señalar que estaba emergiendo una visión integradora del desarrollo: "un desarrollo capaz de crear un ambiente en el que toda la gente pueda expandir sus capacidades, y donde las oportunidades sean extensivas para las generaciones presentes y futuras".[37] Este desarrollo, producido por y para las personas, que implica la satisfacción de las necesidades de la población y el mejoramiento de su calidad de vida, sin comprometer las capacidades y necesidades de las generaciones futuras, representó uno de los avances más importantes en la evolución del concepto de desarrollo.

Al igual que el desarrollo humano, el paradigma del desarrollo humano sustentable contempla al elemento humano como la verdadera riqueza de una nación, al permitir que la persona se convierta en el centro de una estrategia de desarrollo que se ocupa de crear un ambiente propicio para que los seres humanos lleven a cabo las actividades que, desde su propia óptica, tienen razones para valorar,[38] extendiendo esta perspectiva

---

[37] United Nations Development Programme (UNDP), *Human Development Report 1994*, UNDP, Nueva York, 1994, p. 13.

[38] United Nations Development Programme (UNDP), 1990, *op. cit.*, p. 9.

a largo plazo. El desarrollo entendido bajo esta visión, no sólo implica cubrir las necesidades básicas de la población, sino que requiere de un esfuerzo mayor para elevar la calidad de vida y ofrecer una gama de posibilidades económicas, sociales y culturales necesarias para que la persona expanda sus capacidades y pueda encontrar un espacio óptimo para su realización plena. Mahbub Ul Haq refuerza esta visión al indicar que el desarrollo consiste en ampliar las opciones de las personas:

> En principio estas opciones pueden ser infinitas y cambiar a lo largo del tiempo. Por lo general, las personas valoran logros que no aparecen del todo, o por lo menos inmediatamente, en cifras de ingreso o crecimiento, tales como un mayor acceso al conocimiento, mejor nutrición y servicios de salud, medios de vida más seguros, seguridad frente a crímenes y violencia física, un tiempo libre más satisfactorio, libertades políticas y culturales y un sentido de participación en actividades comunitarias.[39]

En este sentido, la generación de oportunidades de desarrollo y el establecimiento de las condiciones necesarias para que las personas puedan aprovechar dichas oportunidades, se asumen como una responsabilidad compartida entre la sociedad y el Estado.

Así, el Estado debe asegurar la existencia de un entramado institucional que ofrezca una amplia gama de oportunidades económicas, sociales y culturales que las personas valoran como indispensables para su desarrollo integral en su calidad de actor subsidiario y complementario, además prevenir y subsanar las carencias y limitaciones de las personas más vulnerables dentro de una sociedad. Por su parte, al ser ubicada como el núcleo del proceso de desarrollo, la persona tienen la responsabilidad y el compromiso de aprovechar las oportunidades de crecimiento que tiene a su alcance, potencializar sus capacidades, involucrarse activamente en los procesos de desarrollo de su comunidad, incluso asumir el liderazgo de transformación dentro de ellas.

De esta forma, el Estado funciona a favor del desarrollo de la persona, al crear el andamiaje necesario para su realización plena con el asentamiento y mantenimiento de las bases de una sociedad equitativa, libre, incluyente y democrática; mientras que la persona se responsabiliza de que esta estructura se mantenga firme y se fortalezca a través

---

[39] Ul Haq, Mahbub, 1995, *op. cit.,* p. 14.

de su constante participación y retroalimentación, actuando a favor del bienestar común.

Dada su capacidad como motor de cambio, el desarrollo humano sustentable también ubica a la persona como un complemento fundamental en la toma de decisiones, la evaluación, la implementación y el control de las políticas gubernamentales. Por lo anterior, la participación ciudadana cobra mayor relevancia, pues son las personas quienes con sus demandas, inquietudes y conocimientos vigilan las acciones del gobierno y las guían hacia la conservación de un bienestar común. Así, campesinos, empresarios, intelectuales, profesores, jóvenes y todos los actores de la sociedad civil toman el compromiso de sumar esfuerzos para que su país avance hacia la consolidación de un desarrollo integral.

Por tanto, el desarrollo humano sustentable debe alentar un estrecho vínculo y equilibrio de fuerzas entre los gobiernos, la iniciativa privada y la sociedad civil, para que dentro de un contexto de democracia y concordia, sea posible responder a los retos actuales y enfrentar con mayor claridad y conocimiento los retos futuros.

La posibilidad de resolver lo urgente y lo estratégico, sin descuidar las oportunidades de desarrollo y bienestar de las futuras generaciones, es lo que permite arribar este desarrollo integral. Sudhir Anand y Amartya Sen explican este concepto al señalar que es necesario asegurar que el desarrollo humano alcanzado en el pasado y el que se intenta alcanzar en la actualidad, puedan sostenerse y ampliarse en el futuro, en lugar de verse amenazados por el exceso de contaminación, la extinción de los recursos naturales y otros deterioros del medio ambiente local y globalmente.[40] A la luz de esta visión, el desarrollo busca que las libertades presentes de una persona, para alcanzar su desarrollo y una vida digna, puedan ser disfrutadas, en la misma o incluso en mayor medida por las siguientes generaciones.

En este sentido, el desarrollo humano sustentable también permite la implementación de políticas, programas y estrategias sustentables en materia económica, política y social, que ubican a las sociedades en el camino correcto para asegurar que las siguientes generaciones cuenten con las condiciones y los medios necesarios para su pleno desarrollo. Asimismo, permite garantizar la preservación de los recursos naturales para

---

[40] Anand, Sudhir y Amartya Sen, *Sustainable Human Development: concepts and priorities*, United Nations Development Programme (UNDP), 1994, p. 4. Para consultar este artículo, puede referirse al siguiente enlace: http://hdr.undp.org/docs/publications/ocational_papers/Oc8a.htm (última consulta: mayo de 2011).

el futuro, puesto que en la medida en que una población es consciente de la necesidad de preservar el medioambiente; también puede ostentar mayores niveles de salud e ingreso y depender en menor medida de un consumo desordenado de los recursos naturales para su supervivencia. La necesidad de una visión como ésta se vuelve más evidente cuando se analizan fenómenos como la pobreza o el deterioro ambiental, aspectos recurrentemente confluyentes.

Al considerar que las personas en situación de pobreza carecen de servicios públicos básicos, alimentación adecuada, niveles elevados de salud y educación, una vivienda con las condiciones necesarias para una vida saludable e higiénica, entre otros aspectos, resulta factible suponer que debido a estas carencias, de forma involuntaria las personas utilizan inadecuadamente los recursos naturales a su alcance; por lo que probablemente sus localidades presentarán asentamientos irregulares, contaminación del agua y un trato inadecuado de residuos tóxicos; situaciones que representan una clara consecuencia de la carencia de infraestructura, de la presencia de un marco normativo desarticulado y de una falta de oportunidades para el desarrollo del capital humano. Esta demanda inadecuada de los recursos naturales, lejos de solventar algunas de las necesidades inmediatas, acentúa las dimensiones de pobreza de dichas comunidades; es decir, se presenta un círculo vicioso difícil de superar sin una participación activa en la planeación y ejecución de políticas públicas.

De esta manera, los daños que sufre el medio ambiente, han adquirido el poder de revertir los esfuerzos por combatir la pobreza extrema, e incluso de impactar negativamente los servicios de salud, educación y otras áreas en las que se busca avanzar en los países en desarrollo.[41]

En este sentido, el desarrollo humano sustentable representa una visión holística de desarrollo que busca dar respuesta a los retos sociales, económicos y medioambientales a lo largo del tiempo, de forma que se fusionen los conceptos de desarrollo humano y desarrollo sustentable para consolidar un paradigma de desarrollo que, guiado por la centralidad de la persona, busque asegurar mejores condiciones de vida para las actuales y futuras generaciones.

[41] United Nations Development Programme (UNDP)· *Human Development Report 2007/2008, Fighting Climate Change: Human solidarity in a divided World*, UNDP, Nueva York, 2008, p. 1.

La figura I.1 muestra los conceptos de desarrollo sustentable, desarrollo humano y desarrollo humano sustentable brindados por las Naciones Unidas en sus informes de 1987, 1990 y 1994, respectivamente, y permite analizar la evolución conceptual del desarrollo a nivel mundial.

Figura I.1 Conceptualización del desarrollo humano sustentable

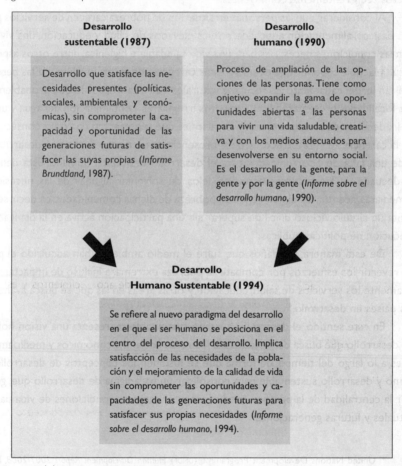

Fuente: elaboración propia

Como se revisó en los apartados anteriores, en los últimos años han destacado una serie de acciones y esfuerzos institucionales en materia de desarrollo sustentable y desarrollo humano, por lo que cabe destacar que desde el ámbito de la investigación y apoyados en los organismos internacionales especializados en la materia, múltiples gobiernos han promovido una visión de desarrollo, que en línea con la visión del desarrollo sustentable, ha buscado que las presentes y futuras generaciones se desarrollen plenamente y gocen de los beneficios de un medio ambiente adecuado.

En concordancia con la evolución conceptual del desarrollo a nivel internacional, en 2007 el gobierno mexicano incorporó la visión del desarrollo humano sustentable como el eje rector de las estrategias y políticas públicas del gobierno federal para el desarrollo nacional. En este sentido, el Plan Nacional de Desarrollo 2007-2012 define al desarrollo humano sustentable como la visión que permite "asegurara para los mexicanos de hoy la satisfacción de sus necesidades fundamentales como la educación, la salud, la alimentación, la vivienda y la protección a sus derechos humanos. Significa también que las oportunidades para las generaciones actuales y futuras puedan ampliarse, y que el desarrollo de hoy no comprometa el de las siguientes generaciones".[42]

De esta manera, el DHS se ha consolidado como una propuesta de gran relevancia a nivel nacional e internacional, al brindar a la persona el sitio que le corresponde dentro del proceso de desarrollo y alentar la participación de distintos actores de la sociedad para proyectar de manera conjunta los logros del desarrollo hacia el largo plazo.

Así, la figura 1.2 ilustra la forma en que el concepto del desarrollo humano sustentable surgió internacionalmente, a partir de una serie de acontecimientos y esfuerzos que se mencionaron previamente, y que paulatinamente dieron pie a una mayor conciencia sobre la importancia de posicionar a la persona como principal actor y receptor de los beneficios del proceso de desarrollo (Ver figura 1.2).

Al respecto, resulta importante destacar cuatro momentos clave en este horizonte de tiempo de cerca de 40 años; primero, el surgimiento del concepto de desarrollo sustentable en 1987, a la par de la creación del SEDUE en México; segundo, la definición de desarrollo humano en 1990; tercero, el surgimiento en 1994 del concepto holístico del desarrollo humano *sustentable* impulsado por el PNUD; y finalmente, la incorporación

---

[42] Presidencia de la República, *Plan Nacional de Desarrollo 2007-2012, op. cit.,* 2007, p.23.

Figura I.2 Perspectiva Histórica Internacional y Nacional del Desarrollo Humano Sustentable

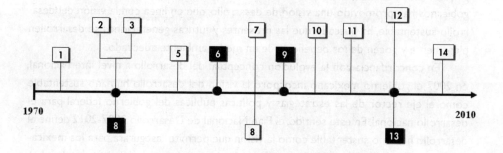

1970   2010

1. 1972, Primer informe del Club Roma, Los límites del crecimiento
2. 1987, Secretaría de Desarrollo Urbano y Ecología (SE-DUE), México
3. 1987, Informe Brundtland, Nuestro Futuro Común
4. 1987, Desarrollo sustentable
5. 1988, Ley General del Equilibro Ecológico y Protección al Ambiente (IGEEPA), México
6. 1990, Desarrollo Humano
7. 1982, Cumbre de Río Brasil
8. 1992, Instituto Nacional de Ecología (INE) y Procuraduría Federal de Protección al Ambiente (PROFEPA), México

9. 1994, Desarrollo Humano Sustentable
10. 1997, Protocolo de Kyoto
11. 2002, Cumbre mundial del desarrollo sostenible (Johannesburgo)
12. 2007, Conferencia de Naciones Unidas sobre cambio climático (Bali)
13. 2007, Incorporación del concepto desarrollo humano sustentable en el Plan Nacional de Desarrollo (pnd) del Gobierno de México
14. 2008, Reunión de Ministros del Medio Ambiente del G8 (Kobe)

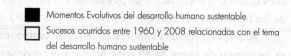

Momentos Evolutivos del desarrollo humano sustentable.

Sucesos ocurridos entre 1960 y 2008 relacionados con el tema del desarrollo humano sustentable

Fuente: Elaboración propia.

de la visión del desarrollo humano sustentable a la agenda gubernamental del país, a través del Plan Nacional de Desarrollo en 2007.

Así, dada su importancia en el mundo y la atención que brinda a una serie de aspectos que van más allá de la esfera estrictamente económica, el desarrollo humano sustentable constituye una visión fundamental para elevar los niveles de bienestar de las personas. Además, contempla la necesidad de un ambiente de concordia nacional y de un régimen democrático que garantice tanto el equilibrio de las fuerzas del gobierno, el mercado y la sociedad civil, como el acceso equitativo a las oportunidades y beneficios ofrecidos por el desarrollo.

Ante toda la riqueza conceptual y la claridad que ofrece para la definición de estrategias de desarrollo para los distintos niveles de administración en la esfera gubernamental, este libro ofrece un modelo de generación e implementación de políticas públicas orientadas hacia la consecución del DHS en México. De la misma forma en que el desarrollo humano o el desarrollo sustentable carecen de formulaciones específicas para su obtención por parte de los gobiernos, el DHS tampoco presenta un entramado teórico y metodológico que trace un sendero hacia sus beneficios, los cuales tampoco son definidos.

Si bien existen planteamientos que reconocen explícitamente al paradigma del desarrollo humano sustentable como el fin último del proceso de desarrollo y como un poderoso instrumento de crecimiento y desarrollo económico fundado en el capital humano y el capital social, que coloca a las personas como los principales actores y objetivos últimos del desarrollo, estos planteamientos no exponen la forma en que dicho desarrollo puede ser obtenido.[43]

Algunos otros planteamientos van más allá al indicar que el desarrollo humano sustentable consiste en un desarrollo humano que va de la mano con el medio ambiente, por lo que se vale de la ciencia para indicar las consecuencias y prever las medidas necesarias ante las acciones de la humanidad para obtener su desarrollo. Asimismo, se indica que el desarrollo humano sustentable se vale de la democracia para definir los enfoques,

---

[43] Para una discusión al respecto, ver: Agosin, Manuel, David E. Blom y Eduardo Gitli, "Globalization, liberalization and sustainable human development: analytical perspectives", *Occasional papers, United Nations Conference on Trade and Development of UNDP*, Estados Unidos, 2009. También ver: Hasegawa, Sukehiro, "Development Cooperation", *UNU Global Seminar*, 1st Kanazawa Session, Japón, 2001.

preocupaciones y decisiones que implica el desarrollo, tomando en cuenta aspectos como la educación, los cambios demográficos, los procesos migratorios —entre otros— y su influencia en el desarrollo; sin embargo, tampoco estos planteamientos ofrecen un entramado metodológico para la obtención de los beneficios que esta visión ofrece.[1]

Ante esta oportunidad, el presente documento ofrece una aproximación teórica compuesta por una serie de elementos que permiten, desde un enfoque centrado en el bienestar de las personas, la forma de alcanzar un desarrollo humano sustentable definido como una visión que —respaldada en la concordia nacional y el valor universal de la democracia— es capaz de ofrecer a la sociedad una amplia gama de libertades, únicamente limitadas por el Estado de derecho y el respeto al medio ambiente, con la finalidad de que las personas cuenten con los elementos necesarios para definir sus necesidades y la forma de alcanzar sus objetivos, a través de su participación activa en la instrumentación y vigilancia de las políticas públicas y acciones sociales, garantizando con ello, el desarrollo de las presentes y futuras generaciones.

Esta definición del desarrollo humano sustentable emerge a partir de la discusión conceptual realizada a lo largo del presente capítulo sobre los alcances y significados del desarrollo sustentable y el desarrollo humano, y con la finalidad de articular una metodología ajustada a las necesidades de México para acceder a mayores niveles de bienestar para su población.

En este sentido, a lo largo del siguiente capítulo se definen las variables que determinan el logro gradual del desarrollo humano sustentable en México, para posteriormente presentar una propuesta metodológica (sistémica) para la construcción e implementación de políticas públicas para el DHS a nivel nacional desde cualquier orden de gobierno.

---

[1] Sirageldin, Ismail, "Sustainable Human Development in the Twenty First Century: An Evolutionary Perspective", en Sirageldi, Ismail (Ed.), *Sustainable Human Development*, UNESCO, Reino Unido, 1991.

CAPÍTULO II

Marco teórico conceptual para el desarrollo humano sustentable en México

La búsqueda de alternativas de desarrollo capaces de propiciar la consolidación de una sociedad incluyente, participativa, equitativa y sustentable para las naciones, surge necesariamente de premisas conceptuales como el desarrollo humano sustentable (DHS). Sin embargo, dichas premisas, fundadas en el bienestar común, sólo pueden traducirse en beneficios reales para la población, a través de procesos científicos y metodológicos capaces de impulsar y conducir las acciones necesarias para el logro de los objetivos de desarrollo de la sociedad.

Con base en esta reflexión, a lo largo de las siguientes líneas, el presente capítulo ofrece los elementos teórico-conceptuales de la propuesta metodológica del libro, para la obtención del DHS en México, con la finalidad de organizar los esfuerzos y centrar las iniciativas de desarrollo de los gobiernos y de la sociedad civil, para resolver lo prioritario y trazar un camino viable hacia el largo plazo.

Ante la necesidad de brindar un sustento teórico adecuado al proceso de desarrollo propuesto y de impulsar un cambio en el equilibrio de fuerzas entre el Estado, el mercado y la ciudadanía en la toma de decisiones políticas, económicas y sociales para el desarrollo del país, el presente capítulo presenta el marco conceptual necesario para impulsar el desarrollo humano sustentable en México. Adicionalmente subraya la necesidad de comprender el funcionamiento de la sociedad mexicana como un sistema; es decir, establece la necesidad de realizar un análisis sistémico de la sociedad que permite encontrar soluciones técnicas y compartidas ante las problemáticas que aquejan al país, permitiendo aplicar el conocimiento científico al desarrollo de México y ofrecer una vía alterna para la búsqueda de consensos entre la ciudadanía.

Así, la teoría general de sistemas constituye el marco teórico necesario para ganar el presente y futuro de México, al establecer las pautas que debe seguir el funcionamiento de la sociedad, de los gobiernos y de la iniciativa privada en las esferas municipal, estatal y nacional para elevar la calidad de vida de las personas. Con la finalidad de describir la teoría general de sistemas, su aplicación en la creación de políticas públicas y su utilidad en la concepción de un modelo para el desarrollo humano sustentable en México, este capítulo se encuentra dividido en cuatro secciones: en primer lugar se brindan los conceptos y variables necesarias para la construcción de un modelo de desarrollo humano sustentable; en segundo lugar se brindan algunos elementos de la taxonomía sistémica, su estructura conceptual y una breve descripción de los intentos que se han hecho para implementar el pensamiento sistémico en la toma de decisiones en la esfera gubernamental de México, para dar paso a la argumentación sobre la pertinencia de su utilización en la presente propuesta; posteriormente se describe un modelo desarrollado por el Instituto Internacional para el Análisis de Sistemas Aplicados (IIASA), que sirve de fundamento para el modelo que será propuesto en el capítulo tercero; y finalmente se exponen las plataformas técnicas, políticas, económicas y sociales necesarias para que las políticas públicas implementadas mediante el modelo propuesto, alcancen el impacto requerido para la obtención del desarrollo humano sustentable.

II.1 Condiciones, medios y fines para el DHS en México

Ante el reto de dotar al desarrollo humano sustentable de un marco teórico, conceptual y metodológico que permita obtener mayores niveles de bienestar para la sociedad mexicana, la presente sección delinea una propuesta sobre los objetivos que el desarrollo humano sustentable debería perseguir dadas las características sociales, políticas y económicas de México, y sobre la forma de llegar a ellos. Para el logro de este objeto, a continuación se presentan las variables que componen el marco conceptual del desarrollo humano sustentable desde el punto de vista del autor, para la situación que México vive a principios de la segunda década del siglo XXI. Dichos elementos son perfectamente intercambiables de acuerdo a las necesidades o situaciones que experimente cualquier país, localidad o municipio, para el que se pretenda utilizar el modelo aquí propuesto.

Como se apreció en el capítulo previo, el gobierno de México ha emprendido acciones para alcanzar el desarrollo humano sustentable en el país, al ubicarlo como el eje medular de su Plan Nacional de Desarrollo; sin embargo, el alcance de las acciones gubernamentales, a menudo encuentra obstáculos políticos, ideológicos, logísticos, económicos, sociales y culturales al momento de intentar que sus planteamientos trasciendan hacia los niveles de gobierno estatal y municipal, y por ende se traduzcan en beneficios para la ciudadanía. Esta dificultad subraya la importancia de plantear un modelo que surja desde el ámbito local y cuyas variables puedan intercambiarse de acuerdo a las necesidades de cada municipio o entidad federativa.

Con esta lógica y apoyados en un conjunto de elementos valorados por las personas, tales como la libertad, la equidad, el respeto a los derechos humanos, la justicia social, la seguridad humana y la sustentabilidad, entre otros, propuestos por importantes organismos internacionales[1] y destacados académicos en la materia,[2] la presente obra propone a las siguientes variables como las condiciones, los medios y los fines del desarrollo humano sustentable en México (Ver Tabla I.1).

Como quedará expuesto en esta obra, el paradigma del desarrollo humano sustentable debe entenderse como un conjunto de condiciones y medios, desde los cuales se transforman los procesos políticos, sociales, ambientales y económicos. Por ello, se parte de aspectos base y de medios definidos, sobre los cuales los actores locales, estatales y federales públicos y privados, deben trabajar en conjunto para alcanzar los fines del desarrollo humano sustentable.

---

[1] La Organización de las Naciones Unidas, la Unión Europea, el Banco Interamericano de Desarrollo y el Banco Mundial, entre otras.

[2] Amartya Sen, Mahbub Ul Haq, Robert Solow, Norberto Bobbio, Robert Dahl, José Miguel Insulza, entre otros.

Tabla I.1 Marco conceptual del desarrollo humano sustentable

Condiciones	✓ Equidad. ✓ Seguridad. ✓ Reconocimiento y protección de los derechos humanos. ✓ Reconocimiento de que la persona por sí misma es agente de cambio en el proceso de desarrollo. ✓ Erradicación de la discriminación.
Medios	✓ Productividad. ✓ Competitividad. ✓ Cooperación.
Fines	✓ Libertad. ✓ Sustentabilidad.

Fuente: Elaboración propia.

Condiciones

La nueva dinámica internacional, el cambio en la dirección y el volumen de los flujos comerciales y migratorios, los desequilibrios financieros y los consecuentes incrementos en los niveles de desempleo, las altas tasa delictivas, el crecimiento de la brecha de ingreso entre ricos y pobres y el deterioro ambiental, se constituyen como factores de riesgo que hacen urgente la adopción de un nuevo paradigma de desarrollo. Esta necesidad inminente, permite establecer, en primera instancia, un conjunto de condiciones sociales que sirvan como base para alentar el desarrollo.

Garantizar la equidad social, económica y política en el acceso a los recursos para hombres y mujeres, dar respuesta a la creciente demanda de seguridad humana, incorporar a la persona como parte central del desarrollo, diseñar estrategias y programas para garantizar el respeto a los derechos humanos y abatir la discriminación, así como promover un desarrollo sustentable en todos los aspectos de la vida del ser humano, son las condiciones sobre las cuales debe estar cimentada la convivencia de las personas. En este sentido, a continuación se definen las condiciones del desarrollo humano sustentable, para posteriormente definir los medios y los fines, que de acuerdo con la situación prevaleciente en México deberían considerarse como prioritarios para el desarrollo del país. La forma en que deben ser alcanzadas las condiciones, como una primera etapa del desarrollo; para posteriormente incursionar en la búsqueda de los medios y fines (segunda y tercera etapas), es desarrollada en el siguiente capítulo. La presente sección se limita a definir las variables que integran estas condiciones, medios y fines, para evidenciar su pertinencia en la búsqueda del desarrollo.

Equidad

Uno de los mayores retos sociales de México consiste en alcanzar una mayor equidad entre los ciudadanos. Esta búsqueda requiere del apoyo solidario y subsidiario por parte del Estado hacia los grupos de población que se encuentran en alguna condición de vulnerabilidad.

Si bien la declaración de los derechos universales proclama que todos los seres humanos tienen el mismo valor; el lugar y el momento en que se nace, determina buena parte de las oportunidades que se tendrán a lo largo de la vida.[3] El desarrollo de cada persona es diferente como consecuencia de las situaciones positivas o negativas que prevalecen en el entorno en que nace y crece, por lo que es necesario implementar mecanismos que promuevan la equidad en el país, garantizando con ello, que todas las personas disfruten de un acceso irrestricto a las mismas oportunidades.

En este sentido, antes de plantear una definición de equidad, es preciso aclarar sus diferencias y similitudes con el concepto de igualdad. Mientras la igualdad se refiere a la base común de derechos y responsabilidades que corresponden a todos los miembros de la sociedad como miembros de la misma; la equidad apela, desde la igualdad a la consideración de especificidades y diferencias, es decir, se refiere a la estima conjunta de las semejanzas y alteridades incluidas en un género común. Así, la equidad se ubica en el marco de la igualdad, pero insiste en la promoción del trato diferencial a partir de necesidades particulares de cada individuo o comunidad, con el fin de acabar con la desigualdad y fomentar la autonomía.[4] La equidad además, alude a la justicia debido a que:

---

[3] United Nations Development Programme (UNDP), *Human Development Report 2005*, 2005, *op. cit.*, p. 28.
[4] Arrupe, Olga Elena "Igualdad, diferencia y equidad en el ámbito de la educación", *Documento de trabajo*, Organización de Estados Iberoamericanos para la educación ciencia y cultura (OEI), Argentina, 2002, p. 1.

el mundo cree en la igualdad de algo: igualdad de libertades civiles, de oportunidades, de derechos ante la ley, por mencionar algunos; y la idea de que los individuos estén condenados al analfabetismo o a una muerte más temprana por razones que están fuera de su control, atenta contra el sentido de lo que es justo para la mayoría de la gente.[5]

De acuerdo con Haq, la equidad es una condición significativa para el nuevo paradigma del desarrollo, ya que su esencia radica en la extensión de iguales oportunidades para las personas de las generaciones actuales y futuras; para que dichas oportunidades sean aprovechadas, se debe gozar de un acceso equitativo a éstas.[6] En concreto, la equidad busca garantizar el mismo acceso a las oportunidades de desarrollo para todas las personas, pero no necesariamente a los mismos resultados, ya que como se mencionó previamente, es responsabilidad de cada persona el aprovechamiento de las oportunidades para desarrollar sus capacidades.

Por el contrario, la inequidad restringe el acceso de las personas a niveles adecuados de vida. Este fenómeno, al igual que la equidad, tiene lugar en los contextos individual y colectivo, por lo que se evidencia al menos tres categorías de inequidad: *La inequidad económica, de ingresos percibidos y de acceso a bienes y servicios*, que se manifiesta principalmente a través del desempleo y el subempleo, y que afectan a una elevada proporción de la población en edad productiva; *La inequidad social,* que se refiere a un escaso acceso a servicios sociales básicos para garantizar una mínima calidad de vida; y *La inequidad política*, la cual se refiere al atropello de un pleno ejercicio de los derechos ciudadanos, incluyendo el derecho a la seguridad, la libertad de expresión, la participación ciudadana y la libertad de ser gobernado de forma democrática.[7]

Independientemente de la categorización que se lleve a cabo sobre la inequidad, ésta constituye un gran obstáculo para el desarrollo. La promoción de un ambiente de equidad es indispensable para que a través de políticas públicas focalizadas en aspectos económicos, sociales y políticos, se generen las transformaciones necesarias para alcanzar el desarrollo.

[5] United Nations Development Programme (UNDP), *Human Development Report 2005*, 2005, *op. cit.*, p. 58.
[6] Ul Haq, Mahbub, 1995, *op. cit.*, p. 16.
[7] Ferrer, Juliana, Caterina Clemenza y Víctor Martín, "Etica y economía, factores de un desarrollo sustentable", *Revista Venezolana de Ciencias Sociales*, vol. 8, núm. 1, Cabimas, 2004, pp. 13-14.

La equidad crea personas libres en sus decisiones y en sus capacidades, lo cual trae como resultado, mejores condiciones de vida. El avance democrático de México, debe traducirse en bienestar para aquellos grupos sociales que requieran mayores oportunidades por parte de las instancias públicas y privadas a nivel local y nacional, como las niñas, niños y adolescentes en desnutrición, maltrato, víctimas de violencia y abandono; mujeres en situación de maltrato y explotación sexual; indígenas; adultos mayores en vulnerabilidad; y personas con discapacidad, entre otras, que son fundamentales para consolidar una base social sólida para la búsqueda del desarrollo. El desarrollo humano sustentable busca abatir las desigualdades a través de un modelo que surja desde las comunidades y los municipios, que son las instituciones en las que se detectan con mayor facilidad, las inequidades y las diferencias. Asimismo, el desarrollo humano sustentable busca que el monitoreo y control de políticas sociales, se haga desde la ciudadanía.

La esencia del desarrollo humano sustentable radica en que todas las personas tengan un acceso igualitario a las oportunidades de desarrollo, tanto en el presente como en el futuro. La equidad es una condición necesaria y primordial para México, una condición que permitirá a los habitantes del país acceder a una mejor calidad de vida. Por este motivo, el logro gradual de la equidad plena entre la sociedad, representa un importante avance en el logro del desarrollo humano sustentable.

Seguridad

Tradicionalmente la seguridad se ha relacionado con la protección del Estado-nación en contra de alguna amenaza externa; sin embargo, en la presente obra la seguridad adopta un enfoque humano, reorientando su dirección hacia las personas en su vida diaria, hogares, trabajos y dentro de sus comunidades, al incluir dimensiones referentes a la salud, el empleo, la educación, el medio ambiente, así como a los aspectos políticos y civiles de la sociedad. A esta categoría de seguridad se le denomina seguridad humana, y fue introducida en el Informe de Desarrollo Humano de 1993.[8]

La seguridad humana comprende dos aspectos primordiales, en primer lugar, con-

---

[8] Sierra Fonseca, Rolando, "Integración social y equidad en la perspectiva del desarrollo humano sostenible", en *Colección, cuadernos de desarrollo sostenible 1*, PNUD, Tegucigalpa, 2001.

forma un elemento fundamental en contra de amenazas crónicas como el hambre, la enfermedad y la represión; y en segundo lugar, representa un elemento de protección contra cambios imprevistos y agudos de la vida cotidiana en el hogar, en el empleo o en la comunidad. Amenazas que en ambos casos, pueden existir al interior de cualquier tipo de sociedad.

La seguridad humana está centrada en las personas y se preocupa por la libertad y las oportunidades sociales que el hombre puede ejercer; por lo que dicho concepto se conforma de los siguientes componentes: *seguridad ambiental,* se refiere al equilibrio entre el hombre y la naturaleza, así como a los usos que éste hace de ella; *seguridad social,* es aquella que satisface las necesidades básicas de la persona y le proporciona protección y un entorno social incluyente; *seguridad económica,* se relaciona con la posibilidad que tiene el ser humano para alcanzar un ingreso básico asegurado, trabajar libremente en cualquier actividad lícita y proyectar sus expectativas a largo plazo gracias a la estabilidad económica; *seguridad pública,* recae en la facultad del Estado para proteger a sus habitantes contra las amenazas nacionales e internacionales que puedan poner en peligro la seguridad de los ciudadanos; *seguridad jurídica,* son las "reglas del juego" que establecen las garantías individuales, las libertades comunitarias y las obligaciones de las personas conviviendo en sociedad; y *seguridad del ejercicio de la libertad con responsabilidad,* es el comportamiento que debe tener el ser humano de manera libre, pero con el respeto pertinente hacia los demás y hacia las reglas previamente establecidas.[9]

Así, a partir de su composición conceptual, la seguridad humana se encuentra respaldada en la democracia, de ahí que garantice por sí misma, una mejor calidad de vida. El concepto es global e indivisible, debido a que las amenazas que atentan contra la seguridad no se detienen en las fronteras nacionales. Amenazas como el VIH/SIDA, la contaminación, el hambre, el terrorismo, la drogadicción, el narcotráfico, el desempleo, el analfabetismo y las violaciones a los derechos humanos, son aspectos inadmisibles en un mundo democrático. Por este motivo, la seguridad humana es reconocida como una condición indispensable para que México pueda encaminarse hacia el desarrollo huma-

---

[9] United Nations Development Programme (UNDP), *Investing in Development, A Practical Plan to Achieve the Millennium Development Goals,* UNDP, Londres, 2005.

no sustentable. De la misma forma que la equidad, esta condición exige la consolidación de un Estado de derecho que promueva, mediante un marco institucional adecuado, un ambiente de concordia en el que la gente pueda gozar de su libertad individual a través de una activa participación ciudadana.

Reconocimiento y protección de los derechos humanos

El respeto a los derechos humanos constituye un tema central en el debate internacional sobre la promoción y garantía de la dignidad humana en sus dimensiones individual, social y material.[10] Al igual que la convención de los derechos humanos, el desarrollo humano sustentable busca garantizar la libertad, el bienestar y la dignidad de la persona; por este motivo es imposible referirse a la existencia de un desarrollo humano sustentable, sin una promoción plena de los derechos humanos, ya que de manera individual o en conjunto aportan principios de responsabilidad y justicia social a la concepción del desarrollo.

La protección de los derechos humanos constituye una condición fundamental para el desarrollo pero a su vez es uno de los principales motores para su obtención. Al igual que la equidad y la seguridad humana, el énfasis en la promoción de los derechos humanos debe darse fundamentalmente en los círculos donde, con mayor dificultad pueden ser detectadas las violaciones a los derechos, es decir, en las pequeñas comunidades y municipios.

Estos derechos humanos, de acuerdo con su evolución, comprenden un amplio espectro que abarca lo que en algunas ocasiones se ha denominado como las tres generaciones de derechos:

1) los derechos humanos de *primera generación,* que se refieren a los derechos civiles y políticos, y también denominados libertades clásicas; *2)* los derechos humanos de *segunda generación,* que constituyen los derechos económicos, sociales y culturales, debido a los cuales el Estado de derecho pasa a una etapa superior, es decir, a un Estado social de derecho; finalmente *3)* los derechos humanos de *tercera generación,* que cons-

---

[10] Los derechos humanos son aquellos que tienen todas las personas, en virtud de su humanidad común, a tener una vida de libertad y dignidad. Otorgan la posibilidad de presentar reivindicaciones morales que limiten la conducta de los agentes individuales y colectivos y el diseño de los acuerdos sociales, y son universales, inalienables e indivisibles.

tituyen un grupo de derechos que fue promovido a partir de la década de 1960 para incentivar el progreso social y elevar el nivel de vida de todos los pueblos.[11]

> Los Derechos Humanos son un ideal común por el que todos los pueblos y naciones deben esforzarse, a fin de que tanto los individuos como las instituciones [...] promuevan, mediante la enseñanza y la educación, el respeto a estos derechos y libertades, y aseguren [...] su reconocimiento y aplicación universales y efectivos, tanto entre los pueblos de los estados miembros [de las Naciones Unidad] como entre los de los territorios colocados bajo su jurisdicción.[12]

Este razonamiento concierne a todas las instituciones en su carácter social y a todos los seres humanos, quienes deben anteponer el respeto a los derechos para lograr la armonía y la equidad social necesarias para alcanzar el desarrollo humano sustentable. El respaldo institucional en torno a los derechos humanos por parte de los gobiernos debe cobijar, al igual que en el caso de las condiciones previamente descritas, cualquier iniciativa de políticas públicas.

Reconocimiento de la persona como agente de cambio

El desarrollo de la persona se garantiza a través de la ampliación de sus oportunidades, que es un aspecto fundamental del DHS. En este sentido, la importancia de este paradigma del desarrollo recae en la importancia que se otorga al rol de las personas en su propio proceso de desarrollo, es decir, de ser simples sujetos arrastrados por instituciones formales hacia las condiciones de vida que convencionalmente son consideradas como ideales, se convierten en los principales promotores de las condiciones de vida que ellos mismos tienen motivos para valorar. La persona tiene la posibilidad y la necesidad de ampliar sus oportunidades de acceso a mejores condiciones de salud, educación e ingresos, y al mismo tiempo requiere de la libertad para participar y deci-

[11] Aguilar Cuevas, Magdalena, "Las tres Generaciones de los Derechos Humanos", *Derechos Humanos*, núm. 30, Comisión de los Derechos Humanos del Estado de México (CODHEM), México, p. 93.
[12] Organización de las Naciones Unidas (ONU), *Declaración Universal de los Derechos Humanos*, ONU, 2011. Consultar: http://www.un.org/es/documents/udhr/ (última revisión, mayo de 2011).

dir sobre su futuro. Por este motivo reconocer a la persona como el protagonista de su proceso de desarrollo se constituye como una condición fundamental para el desarrollo y se materializa a través de la institucionalización de la participación ciudadana y normalización democrática.

La persona tiene el potencial para plantear sus objetivos, perseguirlos y valorar su cumplimiento, esto es parte de su libertad como ser humano. Así, las personas se convierten en agentes de su propio desarrollo, en la medida en que pueden alcanzar los objetivos que consideran valiosos, determinan cuáles son sus metas prioritarias y trazan una estrategia para alcanzarlas. Si bien es cierto que todas las personas pueden valorar una vida saludable, adquirir conocimientos básicos o contar con recursos suficientes para satisfacer sus necesidades elementales, lo hacen de forma diferente de acuerdo con sus características y circunstancias personales. No existen fórmulas universales para involucrar a las personas en su propio desarrollo; sin embargo, las organizaciones de la sociedad civil realizan una importante labor, al sensibilizar a la población sobre los problemas que aquejan a la sociedad, pues están conformadas por ciudadanos con inquietudes y necesidades específicas.

Un país que reconozca a la persona como agente de cambio y que sea capaz de garantizar la participación ciudadana, contará con mayores perspectivas y posibilidades de desarrollo, que aquellas naciones que solamente cuenten con un enfoque meramente económico. El desarrollo humano sustentable se fundamenta en los agentes que lo promueven, tanto para generarlo como para valorarlo, y tal promoción y valor cobran mayor sentido en el ámbito local, por ser el ámbito más cercano y de fácil participación para los ciudadanos.

Erradicación de la discriminación

La lucha contra todas las formas de discriminación, es una de las principales tareas de cualquier sociedad democrática.[13] En México, al igual que en la mayoría de los países latinoamericanos, todavía se perciben severos casos de discriminación. De acuerdo con

---

[13] Rincón Gallardo, Gilberto, *Discriminación e igualdad de oportunidades*, Conferencia del Consejo Nacional para prevenir la Discriminación, Yucatán, 2004.

el PNUD, la presencia de discriminación conforma una clara evidencia de que una democracia aún no se encuentra consolidada de manera plena.[14]

La discriminación es aquella situación en la que por prejuicios, una persona o grupo de personas recibe un trato desfavorable; generalmente por pertenecer a una categoría social, étnica o ideológica específica.[15] También se puede definir como una omisión, o exclusión arbitraria de derechos y oportunidades como la educación, servicios de salud y trabajo, debido a las condiciones físicas, ideológicas, políticas, sociales o mentales que caracterizan a la persona sujeto de este acto. La discriminación tiene relación con prácticas específicas que en ocasiones se tornan habituales y que provocan severos daños en la sociedad, generando altos costos económicos y fragmentando el tejido social.

Localmente, los tipos de discriminación más habituales son relacionados con el género y las condiciones socioeconómicas, debido en buena medida a la laxitud institucional y a la ausencia de mecanismos que comuniquen a la población sobre sus derechos y sobre los actos a través de los cuales, incluso de forma omisa, se comete la discriminación. La erradicación gradual, pero constante, de la discriminación se constituye como una importante condición del desarrollo debido a la importancia de consolidar una sociedad cohesionada y unida para afrontar los procesos económicos, sociales y políticos que acompañan al proceso de desarrollo desde las células básicas de la sociedad: las familias y las comunidades. La erradicación de la discriminación, así como el resto de las condiciones del desarrollo humano sustentable, debe estar acompañada de una adecuada labor gubernamental, y fundamentalmente, de una participación ciudadana enfocada que exija y garantice un adecuado desempeño de las instituciones en busca del desarrollo. Así, las condiciones del desarrollo humano sustentable establecen así, un escenario social propicio para un funcionamiento político y económico justo por parte del Estado, que traiga consigo el desarrollo integral de la sociedad.

Conformado el escenario social que ofrecen las condiciones de equidad, segu-

---

[14] Programa de las Naciones Unidas para el Desarrollo (PNUD), *La democracia en América Latina: hacia una democracia de las ciudadanas y los ciudadanos*, PNUD, 2004, p. 211. Consultar http://www.gobernabilidaddemocratica-pnud.org/index_new.php (última revisión, mayo de 2011).

[15] Secretaría de Desarrollo Social (SEDESOL) y Consejo Nacional para Prevenir la Discriminación (CONAPRED), *Primera Encuesta Nacional sobre Discriminación en México*, México, 2005.

ridad, respeto y promoción de los derechos humanos, reconocimiento de la persona como protagonista de su propio desarrollo y erradicación de la discriminación; también es necesario garantizar el funcionamiento de los medios económicos para el desarrollo.

Medios

Convertir en realidad el desarrollo humano sustentable planteado en el presente documento, depende del alcance gradual de las cinco condiciones sociales descritas previamente, así como de la obtención de los medios necesarios para consolidar un adecuado funcionamiento de la esfera económica del país. Tales medios, representados por la productividad, la competitividad y la cooperación, definirán en buena medida, las circunstancias políticas, sociales y económicas que influyen directamente en el desarrollo de la persona.

El término productividad en el marco del desarrollo humano sustentable, se emplea con el fin de promover el uso eficiente de los recursos disponibles en una sociedad, sin comprometer aquellos que serán utilizados por las generaciones venideras, ya que al contar con una alta productividad, se eleva el ingreso individual y colectivo de la sociedad. Por su parte, la competitividad demanda una reorientación hacia la visión del desarrollo humano sustentable, al exhortar cambios en la cultura con el objeto de que las personas puedan obtener provecho de las oportunidades que se presentan en la vida, por medio del trabajo y la innovación. Finalmente, la cooperación, vista como un medio para alcanzar el desarrollo humano sustentable, es fundamental para equilibrar los esfuerzos del mercado, la iniciativa privada y la sociedad, fortaleciendo el capital humano, social y económico de México.

Al reconocer que los medios del desarrollo humano sustentable son necesarios para acceder al nuevo paradigma de desarrollo, y que estos deben converger con el previo establecimiento de las condiciones básicas, es posible establecer políticas públicas encaminadas a salvaguardar la libertad de las personas y la sustentabilidad del proceso de desarrollo. Por este motivo los gobiernos, la iniciativa privada y la sociedad, deben promover la productividad, la competitividad y la cooperación para alcanzar el DHS.

Estos medios, de igual forma que las condiciones expuestas previamente, son elementos que deberán adaptarse con base en el contexto prevaleciente en el sitio de aplicación del modelo propuesto, bajo la claridad de que su naturaleza generalmente deberá centrarse en aspectos económicos que brinden dinamismo y certeza a las condiciones y al mismo tiempo, se conviertan en el vehículo para la consolidación gradual de los fines del desarrollo. Así, a continuación se presentan los medios que, de acuerdo con este planteamiento, facilitarán el acceso gradual a los fines del desarrollo; y que a su vez, de forma similar a las condiciones, con su presencia representan por sí mismos mayores grados de desarrollo humano sustentable.

Productividad

Uno de los conceptos constantemente referidos en el análisis del desarrollo económico a nivel internacional es la productividad, debido a que representa uno de los principales ponderadores del crecimiento económico de las naciones. La productividad implica el uso eficiente de los recursos de una economía para la producción de bienes y servicios; por lo que un país productivo se caracteriza por su eficiencia para utilizar el capital, los conocimientos, la energía y los recursos humanos, para producir y distribuir bienes y servicios en un mercado competitivo. En este sentido, la OCDE define la productividad como "el volumen de producción proveniente de un determinado volumen de insumos".[16]

A pesar de existir cierta convención sobre la definición de productividad a nivel mundial, ésta no cuenta con un propósito único, sino que abarca diversas materias como las siguientes:

- *Tecnología.* El cambio tecnológico determina el crecimiento de la productividad. El avance de la tecnología, descrita como "el conocimiento actual de las formas de transformar recursos en productos deseados por la economía", permite que los países se coloquen en mejor situación con relación a sus vecinos y socios comerciales.

[16] Organization for Economic Co-operation and Development (OECD), *Measuring Productivity*, OECD, Francia, 2001, pp. 11.

- *Eficiencia.* La identificación de cambios en la eficiencia es conceptualmente distinta al cambio técnico. La eficiencia significa que un proceso productivo ha alcanzado el máximo monto de producción físicamente alcanzable con la tecnología actual y con una cantidad fija de insumos, así, la eficiencia se relaciona con las mejores prácticas o la eliminación de ineficiencias técnicas;
- *Ahorro de costos reales.* La medición de la productividad en la práctica puede ser vista como la labor de identificar los costos realmente ahorrables en el proceso productivo;
- *Benchmarking en los procesos de producción.* En el campo de la economía y los negocios, las comparaciones entre las medidas de productividad para procesos productivos específicos ayuda a identificar ineficiencias.
- *Estándares de vida.* Medir la productividad es fundamental para mejorar los estándares de vida. Un simple ejemplo es el ingreso per cápita, probablemente la medida más común de estándar de vida.[17]

La productividad es un componente fundamental del paradigma del desarrollo humano sustentable, pues busca que las personas participen en el proceso productivo de manera plena para la generación de ingresos y la contribución con el crecimiento económico. El desarrollo humano sustentable favorece la productividad de las personas al incrementar su capacidad laboral, y por ende su progreso y prosperidad a lo largo del tiempo y entre generaciones. La persona —como el principal motor del desarrollo— necesita mejorar sus capacidades laborales, sus ingresos y su calidad de vida.

En este sentido, la productividad laboral es definida como el monto de PIB generado por hora trabajada, es decir, cuánto aporta cada hora laboral al PIB de un país; y proviene del manejo eficiente de los procesos de producción a través del mejor uso de los factores productivos y sus combinaciones, o la disminución de bienes y servicios intermedios.[18] Por este motivo, para elevar la productividad de un país, es necesario profundizar en reformas puntuales como la reducción de las inflexibilidades laborales y

[17] *Ibidem*, pp. 11-12.
[18] Organization for Economic Co-operation and Development (OECD), *OECD Factbook 2010, Economic, Environmental and Social Statistics*, OECD, 2010. Consultar: http://www.oecd-ilibrary.org/economics/oecd-factbook_18147364 (última revisión, mayo de 2011).

la mejora en los niveles educativos, aspectos primordiales señalados por el Fondo Monetario Internacional (FMI), como ventanas de oportunidad para México.[19]

A pesar de que en términos generales, los gobiernos y las empresas conocen los beneficios de una alta productividad, México aún no cuenta con un nivel adecuado debido —entre otros aspectos— al bajo índice de capital humano con el que se cuenta; pues a pesar de la existencia de una gran cantidad de mano de obra, ésta no se encuentra suficientemente calificada.

Otros motivos de la baja productividad que se detectan en los países en desarrollo como México son la falta de dinamismo en las empresas, generalmente ocasionada por altas regulaciones y una costosa protección del empleo; y la falta de financiamiento y limitación del crédito para las pequeñas y medianas empresas, aspectos que obstaculizan la inversión en capital productivo y por consecuencia, inhiben la mejora en la calidad de los productos nacionales.[20]

En este sentido, el fortalecimiento de la productividad a través de intervenciones puntuales por parte de los gobiernos y la iniciativa privada traerá consigo la consolidación de los medios del desarrollo; es decir, los aspectos técnicos del funcionamiento económico.

Competitividad

La competitividad también constituye un factor multidimensional para el desarrollo económico de las naciones, por lo que diversos autores han intentado definirla a través de argumentaciones y elementos distintos. La definición utilizada en el presente texto se refiere a la capacidad de una economía nacional, para mantener y aumentar su participación en los mercados, mejorando el ingreso de los ciudadanos. Es decir, se entiende como un proceso de generación y difusión de capacidades físicas, tecnológicas, sociales, ambientales e institucionales propicias, que tienen como objetivo desarrollar actividades económicas generadoras de riqueza y empleo. Para este fin, es necesario establecer

---

[19] Fondo Monetario Internacional (FMI), *Perspectivas económicas: Las Américas*, FMI, Washington, 2007, p. 30.
[20] Amos, Gabriela, "México Gran Visión", *Convención Nacional de Delegaciones de la Cámara Nacional de la Industria de la Transformación*, México, 2004.

ventajas competitivas de diferenciación o costos en la oferta, con respecto a aquellos países que producen los mismos bienes y prestan los mismos servicios.

La competitividad ha sido vinculada con factores como la presencia de mano de obra barata, la abundancia en recursos naturales, el papel de los gobiernos y las políticas públicas que se ejercen, entre otros. Por ejemplo, existen afirmaciones que indican que los países competitivos deben contar con mano de obra barata y abundante; sin embargo, existen países que cuentan con un reducido número de trabajadores remunerados debido a sus características demográficas —que contrario a la afirmación, poseen altos índices de competitividad. Otra aproximación relaciona a la competitividad de un país con la cantidad de recursos naturales que posee; no obstante, existen países que cuentan con reducido número de recursos naturales, pero que superan en competitividad a países con grandes dotaciones naturales.[21] Sobre la relación entre la competitividad y el papel de los gobiernos en las políticas públicas, se ha argumentado que un Estado con un papel poco relevante en la promoción, protección del comercio y subvenciones hacia determinados sectores, trae consigo una mayor competitividad; sin embargo, existen economías cuyos gobiernos han tenido un papel relevante en muchos sectores productivos, y una vez que el gobierno se retiró de las actividades, los países continuaron con su senda de competitividad.[22]

Si bien los argumentos anteriores se basan en estudios de caso concretos, por sí mismos no explican fehacientemente el significado de la competitividad. Un país no alcanza altos grados de competitividad si reduce el salario de sus trabajadores; la solución tiene un trasfondo más complejo, se requiere de diversos elementos como la participación ciudadana, la transparencia gubernamental, un cambio cultural, una mejor infraestructura y una adecuada capacitación laboral y educación, así como un marco normativo capaz de garantizar una competencia leal en los sectores productivos de las economías, entre otros, si realmente existe la expectativa de elevar la competitividad de una nación.

Tanto las entidades federativas, como los municipios del país, pueden alcanzar mejores niveles de competitividad a través de acciones y políticas públicas implementadas

---

[21] Schwab, Klaus (Ed.), *The Global Competitiveness Report 2010-2011*, World Economic Forum, Suiza, 2011, p. 37.

[22] Porter, Michael, *The Competitive Advantages of Nations*, Free Press, Nueva York, 1995.

por las autoridades competentes. La competitividad depende de la participación y del equilibrio de fuerzas entre el gobierno, la iniciativa privada y la sociedad, que debe fungir como la principal promotora de su desarrollo.

Cooperación

La cooperación se define como el conjunto de acciones llevadas a cabo por múltiples estados, organizaciones públicas y privadas, organismos internacionales, organismos no gubernamentales, instituciones multilaterales, personas, etcétera, que responden a intereses compartidos frente a las nuevas exigencias de la globalización.[23] La cooperación es una necesidad imperiosa y un medio fundamental para alcanzar el desarrollo humano sustentable, que involucra a cada uno de los habitantes de una nación y que debe darse en los ámbitos social, económico y político.

En el ámbito internacional se reconoce como un mecanismo fundamental para la política exterior, ya que por medio de ésta se promueven, fortalecen y dinamizan los intercambios de un país con el resto del mundo. La cooperación internacional permite a las naciones generar escenarios propicios para alcanzar el desarrollo, mientras que en el ámbito nacional fortalece la ejecución de actividades y proyectos orientados a combatir problemas como la pobreza, la inequidad, la violación de los derechos humanos, la violencia, la inseguridad, el deterioro ambiental y todos aquellos desajustes que afectan la sociedad.

De nuevo la democracia constituye un elemento fundamental para promover la cooperación, y sobre todo cuando el país requiere de grandes transformaciones para alcanzar el desarrollo. La conjunción de esfuerzos facilita la solución de las problemáticas que aquejan a los países en desarrollo como México, como el lamentable recrudecimiento de la violencia por causa del crimen organizado, la falta de empleos formales, el deterioro ambiental, entre otros factores. Estos fenómenos pueden y deben ser afrontados coordinadamente entre los distintos poderes y ordenes de gobierno, así como entre todos los sectores de la sociedad; ya que la colaboración brinda mayor orienta-

---

[23] Gómez Galán, Manuel y José Antonio Sanahuja, *El sistema internacional de cooperación al desarrollo: una aproximación a sus actores e instrumentos*, Centro de Comunicación, Investigación y Documentación Europa-América Latina (CIDEAL), Madrid, 1999.

ción a los países, contribuye al fortalecimiento del Estado de derecho y consolida las capacidades para alcanzar un desarrollo integral, humano y sustentable.

Este ambiente cooperativo se obtiene cuando se conjunta la existencia de instituciones sólidas, con un adecuado manejo de recursos públicos, la voluntad política y la consciencia ciudadana de cada una de las localidades, para abatir los aspectos negativos. En este sentido, el desarrollo es una tarea que requiere la cooperación de todos los habitantes de la nación.

En México es necesario reforzar los tres medios, pues de la misma forma que las condiciones, la productividad, la competitividad y la cooperación son elementos fundamentales para alcanzar el desarrollo humano sustentable y sus fines últimos, encarnados por la libertad y la sustentabilidad.

Fines

Los fines del desarrollo humano sustentable, expresados con la libertad y la sustentabilidad, se extienden más allá de las fronteras ideológicas, políticas y culturales debido a su proximidad conceptual y confluencia en significado con el bienestar común. Por este motivo, se constituyen como aspectos fundamentales para fortalecer y consolidar el desarrollo de México.

Tal es la importancia de la libertad y la sustentabilidad como fines últimos del desarrollo humano sustentable, que dichos conceptos no pueden limitarse a constituir una meta, que una vez alcanzada se deje de lado en su constante consolidación; por el contrario, ambos son elementos de gran potencial dinámico, que requieren ser mejorados y reforzados continuamente debido a la capacidad que tienen de multiplicar los beneficios de cualquier política pública y hacerlos extensivos a la sociedad. Por ello la libertad y la sustentabilidad no se consideran únicamente como fines del desarrollo humano sustentable, sino que también se constituyen como condiciones y medios superiores para impulsar el desarrollo de las personas hacia estados cada vez más elevados de desarrollo.

Avanzar en la consolidación de la libertad y sustentabilidad implica situar a la sociedad en el sendero adecuado del desarrollo humano sustentable; un camino caracterizado por una participación enterada y responsable de los gobernantes, los actores políticos, los empresarios y en general, de la ciudadanía en su conjunto, para que los

fines puedan ser alcanzados y alimentados constantemente. La libertad y la sustentabilidad son las metas de una nueva propuesta de desarrollo, la finalidad última de
una sociedad bien informada y la oportunidad más clara y contundente de ofrecer una
mejor calidad de vida las actuales y futuras generaciones.

Libertad

La libertad es un elemento que se encuentra intrínsecamente ligado con la posibilidad
de que las personas representen el principal promotor de su desarrollo, debido a su elevada ponderación entre la valoración que de ella se hace, Paz la ha denominado como
"un acto a un tiempo irrevocable e instantáneo que consiste en elegir una posibilidad
entre otras [para constituir] la afirmación de aquello que en cada uno de nosotros es
singular y particular, irreducible a toda generalización".[24]

La pobreza, el hambre, la desnutrición, el analfabetismo, y en general, la falta de
oportunidades, son consecuencia, en buena medida, de la ausencia de las libertades básicas. Esta carencia de libertades responde una debilidad institucional, incapaz de brindar
los servicios públicos necesarios de forma eficiente para los segmentos más vulnerables
de la población; por este motivo, la existencia de libertad significa la oportunidad de que
hombres y mujeres alcancen un nivel de bienestar que satisfaga sus anhelos.

Para Amartya Sen, fenómenos como las hambrunas, la carencia de asistencia sani-
taria, la falta de una educación funcional, el desempleo y el atropello a las libertades políticas y los derechos humanos, limitan gravemente, en países pobres y ricos, las libertades
fundamentales de sus pobladores.[25] Bajo esta tesis, Sen detecta dos papeles fundamentales de la libertad en el proceso de desarrollo, el primero de ellos como el fin primario y
como el principal medio para la obtención del desarrollo; con la Libertad como un fin, el
éxito de una sociedad se evalúa en función de las libertades fundamentales que disfrutan
sus miembros, es decir, el grado en que la sociedad tiene la libertad de hacer las cosas
que valora. El segundo de los papeles de la libertad en el proceso de desarrollo, implica
que ésta sea visualizada como un medio, es decir, la libertad representa un determinante

---

[24] Paz, Octavio, *Discurso en la ceremonia de entrega del Premio Cervantes*, 1981.
[25] Sen, Amartya, *Freedom as development*, Oxford University Press, Oxford, 1999.

de la iniciativa individual y de la eficacia social puesto que el incremento de las libertades "mejora la capacidad de los individuos para ayudarse a sí mismos, así como para influir en el mundo, por ello la libertad es fundamental para el proceso de desarrollo".[26]

En su faceta de medio, la libertad posee un valor instrumental y nuevamente se encuentra dividida en cinco distintos tipos de libertades que se relacionan y refuerzan entre sí: *1)* las libertades políticas; *2)* los servicios económicos; *3)* las oportunidades sociales; *4)* las garantías de transparencia; y *5)* la seguridad protectora. Todo esto contribuye a la capacidad general de las personas para vivir más libremente.[27]

El concepto de libertad utilizado en el presente documento coincide con la posición de Sen, quien la reconoce como una de las finalidades básicas y como un medio inagotable en la búsqueda del desarrollo. Esta libertad, en todo caso, implica el respeto y la promoción de los derechos humanos, el abatimiento de las inequidades de género, ingreso, educación y acceso a bienes y servicios, la garantía de una seguridad humana universal y la certeza de que serán las personas por sí mismas, quienes determinarán y trabajarán a favor del tipo de vida que valoran. De igual forma, en la medida en que el Estado estimule la cooperación, la competitividad y la productividad, los ciudadanos podrán alcanzar mayores niveles de libertad, que se traducirán consecuentemente en un mayor desarrollo humano sustentable para la sociedad.

Los fines del desarrollo humano sustentable —libertad y sustentabilidad— materializan el avance en las condiciones y los medios que fueron discutidos previamente. La libertad es valorada como un ideal general que responde a todos los ámbitos de la vida humana, puesto que envuelve las esferas económica, política y social, abriendo el abanico de oportunidades para que las personas logren encontrar una vida que consideren digna de ser valorada.

Sustentabilidad

El concepto de sustentabilidad, generalmente relacionado con el ámbito del medio ambiente, cuenta un alcance que va más allá de la simple preservación del medio que rodea

---

[26] *Ibidem*, pp. 34-35.
[27] *Ibidem*, pp. 56-57.

al ser humano; su significado también incluye cuestiones intangibles, propias de la naturaleza humana como las condiciones sociales y culturales; los aspectos económicos y su estabilidad a lo largo del tiempo; las libertades políticas de las personas, con las implicaciones de integralidad y permanencia que la ciudadanía valora; así como la certeza jurídica y la garantía de un Estado de derecho fuerte y permanente por encima de coyunturas políticas. La sustentabilidad, de acuerdo con la División para el Desarrollo Sustentable de las Naciones Unidas, es una forma de desarrollo que alcanza las necesidades del presente sin comprometer la habilidad de futuras generaciones para satisfacer las suyas propias; involucra a la sociedad civil, a los partidos políticos y a las instituciones públicas y privadas. La sustentabilidad realiza la importante labor de trasladar estos logros del presente hacia el futuro y sostenerlos de forma perene.

En ocasiones, el concepto de sustentabilidad también es relacionado e incluso a veces confundido con el concepto de sostenibilidad; sin embargo, en el presente texto la palabra *sustentabilidad* se refiere a un desarrollo capaz de resolver las necesidades presentes sin comprometer las necesidades futuras en términos sociales, económicos, jurídicos, ambientales y políticos, mientras que el concepto de sostenibilidad se aplica al crecimiento de cualquier variable económica que se mantiene a lo largo del tiempo.

Haughton y Hunter señalan que la sustentabilidad engloba al menos tres principios fundamentales:[28]

- *Equidad intergeneracional.* La sustentabilidad debe considerar la actividad humana y sus efectos en la habilidad de las generaciones futuras para satisfacer sus propias necesidades y aspiraciones;
- *Justicia social.* La sustentabilidad requiere el control en la distribución de los recursos que debe ser ejercitado, tomando en cuenta las necesidades y aspiraciones comunes;
- *Responsabilidad interfronteras.* La sustentabilidad debe promover la conciencia sobre un medio ambiente global, considerando que toda acción en contra del medio ambiente que se lleve a cabo en algún sitio del planeta tendrá repercusión en otras latitudes.

[28] Haughton, Graham y Colin Hunter, *Sustainable Cities*, Kingsley, Londres, 1994.

Además, estos autores señalan que la sustentabilidad debe satisfacer las necesidades humanas de equidad, justicia social y derechos humanos básicos de salud, ingreso, educación, integridad ambiental y autodeterminación étnica y social.

Así, de forma similar a lo que sucede con la *libertad* como fin del desarrollo humano sustentable, la sustentabilidad también engloba de forma implícita o explícita, algunas condiciones y medios del desarrollo humano sustentable. Repetto señala el contexto económico de la sustentabilidad al indicar que:

> Lo fundamental de la idea de sustentabilidad es el concepto de que las decisiones actuales no dañarán la posibilidad de mantener o mejorar los estándares de vida en el futuro [...]. Esto implica que nuestro sistema económico debería ser administrado de tal forma que podamos vivir de los dividendos de nuestros recursos, manteniendo y mejorándolos para que las futuras generaciones puedan vivir igual o mejor que nosotros.[29]

Por su parte, Robert Solow indica que la sustentabilidad es una forma de distribución equitativa, ya que "es una obligación conducirnos de forma que dejemos para el futuro la opción o la capacidad de estar tan bien como lo estamos nosotros. [...] es un mandato a no satisfacer nuestras necesidades mediante el empobrecimiento de nuestros sucesores".[30] Adicionalmente, indica que el problema de la equidad intergeneracional radica en que el consumo per cápita tiene que ser relativamente similar entre las distintas generaciones, puesto que si el consumo por persona fuese mayor para una generación más temprana que para una generación posterior "el bienestar social se incrementaría sólo si la siguiente generación previa decidiese consumir menos y, correspondientemente, ahorrar o invertir más, de modo que permitiera un mayor consumo para las generaciones futuras".[31] Es decir, para poder alcanzar un máximo general en el consumo de todos los periodos, debe existir un acuerdo intrínseco entre generaciones.

En este sentido los gobiernos sustentables deben ser capaces de generar políticas

---

[29] Citado en Anand, Sudhir y Amartya Sen, 1994, *op. cit.*, p. 10.

[30] Solow, Robert, "Sustainability: An Economist's Perspective", *The Eighteenth J. Seward Johnson Lecture*, Woods Hole Oceanographic Institution, Massachusetts, 1991, p. 3.

[31] Solow, Robert, "Intergenerational Equity and Exhaustible Resources", *The Review of Economic Studies*, Vol. 41, Symposium on the Economic Exhaustible Resources, Estados Unidos, 1974, p. 30.

públicas con visión de largo plazo que fomenten un entorno democrático caracterizado por la igualdad de oportunidades y el impulso de mayores niveles de vida para la sociedad; mientras que las personas con visión sustentable deberán ejercer responsablemente la libertad humana con la finalidad de mantener un equilibrio en los ecosistemas, aprovechar racionalmente los recursos y detonar sus capacidades para que las futuras generaciones no sean privadas de sus oportunidades de desarrollo.

Como se puede apreciar, las condiciones y los medios del desarrollo humano sustentable representan aspectos puntuales que, en todos los casos, elevan el nivel de vida de la sociedad y que recaen en la libertad y la sustentabilidad, como fines últimos del desarrollo humano sustentable para encontrar su significación más profunda en términos de satisfacción humana. Estas condiciones, medios y fines son los que conforman el marco conceptual propuesto por la presente obra para la obtención del desarrollo humano sustentable en México.

Si bien, el DHS expresa más adecuadamente el significado de un desarrollo integral para las personas que el concepto de crecimiento económico, del desarrollo sustentable o del desarrollo humano; este constructo teórico no contaba con un marco teórico-conceptual en el que se pudiera medir el avance de los países en esta dirección. Por este motivo, la presente sección propone este marco conceptual, compuesto por las variables que fueron descritas puntualmente y que se catalogaron como las condiciones, los medios y los fines del desarrollo humano sustentable. Con estos fundamentos, ahora se describe el marco teórico del modelo para el DHS.

II.2 La teoría general de sistemas y su paso por México

Los cuerpos sociales complejos —tales como las comunidades, los municipios, las entidades federativas y las naciones— además de contar con distintos actores dotados de diversos objetivos y misiones, también representan complicados conjuntos de relaciones internas alimentadas por nutridas redes de comunicación que rigen las vidas de sus habitantes. México, al igual que el resto del mundo, se apega a esta realidad por encontrarse inmerso en el complejo sistema global. Por este motivo, es preciso que las políticas públicas que intenten dar solución a los retos —actuales y antiguos— emanen de un pensamiento sistémico; ya que la búsqueda de soluciones plurales centrando la atención en puntos particulares sin observar la totalidad del sistema, no ofrece resultados favorables para la convivencia democrática de la sociedad.

Existen numerosos ejemplos de estrategias y políticas públicas fallidas en todo el mundo, que permiten sostener la afirmación de que una visión sistémica ofrece una mayor claridad en la implementación de acciones sociales y políticas para elevar el bienestar de las personas. El combate a la pobreza a través de programas gubernamentales desvinculados de los esfuerzos realizados por la sociedad civil organizada y la iniciativa privada, así como alejados de una adecuada educación que permita el aprovechamiento de los recursos ofrecidos por el gobierno a los sectores más vulnerables de la sociedad, es un esfuerzo cuyos frutos distan mucho de los resultados que podrían obtenerse a través de una organización sistémica.

Otro ejemplo de la necesidad de una adecuada planeación sistémica de políticas públicas orientadas hacia el desarrollo humano sustentable se encuentra en el tema de la inseguridad y el crimen organizado que aquejan a México. La sensibilidad del tema requiere un planteamiento desde muy distintas perspectivas, como la atención y prevención de las adicciones, una educación fundada en valores éticos, una adecuada estrategia integral para la detección de movimientos financieros provenientes del crimen organizado, estrategias de inteligencia policiaca para el combate de la criminalidad, acuerdos de cooperación internacional, una oferta laboral adecuada que desincentive la entrada de los ciudadanos a dichos mercados, un blindaje adecuado en materia de corrupción, un sistema penitenciaro orientado a la reinserción social y muchos otros aspectos fundamentales que deben avanzar de forma acompañada y organizada para disminuir el poder de los grupos criminales y elevar la calidad de vida de los ciudadanos. En este ejemplo cobra importancia el papel que juega la planeación desde el ámbito local.

Así, una de las principales propuestas de la presente obra consiste en reorientar la forma en que se toman las decisiones políticas y económicas del país hacia un enfoque sistémico que permita un nuevo equilibrio de fuerzas entre el Estado, el mercado y la sociedad en la toma de decisiones: elementos que en todos los casos, otorgan pertinencia al planteamiento ofrecido en la obra. Es decir, se propone la utilización de la teoría general de sistemas para delinear políticas públicas que permitan consolidar el desarrollo humano sustentable en el país, debido a la falta de un constructo teórico capaz de orientar las acciones de la sociedad hacia objetivos comunes y convencionalmente aceptados como la libertad y la sustentabilidad.

En este sentido, la teoría general de sistemas constituye la perspectiva teórica y metodológica que ofrece mayores posibilidades de una aproximación funcional al desarrollo humano sustentable en virtud de la amplia flexibilidad con que permite la participación de múltiples y diversos actores dentro de lo que se denomina sistema social, así como su capacidad para incluir las acciones e interconexiones de dichos actores en la búsqueda de finalidades comunes. Por este motivo, la teoría general de sistemas se constituye como una aproximación pertinente para el análisis de la gestación, crecimiento e implementación de las políticas públicas, así como para la medición de sus resultados y su posible reorientación en caso de que éstas no se ajusten plenamente a las necesidades de la sociedad.

La teoría general de sistemas parte de los supuestos científicos de la física, la química y la biología, ciencias en las que los sujetos de estudio son sistemas naturales que se relacionan entre sí, por lo que el funcionamiento de cada uno de sus componentes afecta el de todos los demás de forma invariable y definida.[32] El origen de esta teoría se remonta al año de 1956, cuando la Sociedad para la Investigación General de Sistemas publicó el libro titulado *Sistemas generales*, en cuyo artículo principal, Ludwig von Bertalanffy indicaba que era necesaria una integración entre las ciencias naturales y sociales por medio de una teoría general.[33]

Las aportaciones de Bertalanffy servirían como base para trasladar el análisis y comprensión de los sistemas naturales hacia los sistemas sociales a través del establecimiento de reglas generales y formulaciones conceptuales aplicables a cualquier campo de conocimiento. Dada su capacidad para concebir a sus objetos de estudio como sistemas, la teoría general de sistemas se constituye como un planteamiento teórico que más allá de explicar y describir los sistemas sociales y sus relaciones, permite dar respuesta a los retos que deben ser abordados desde distintos ángulos y de manera transversal, en las sociedades del siglo XXI.

---

[32] Haines, Stephen G., *The systems thinking approach to strategic planning and management*, St. Lucie Press, Estados Unidos, 2000.

[33] Von Bertalanffy, Ludwig, "General Systems Theory", *General Systems*, 1, 1956, p. 2, en van Gigch, John P., *Teoría General de Sistemas*, Trillas, México DF, 2008, p. 65.

De acuerdo con Meadows, los sistemas sociales constituyen manifestaciones externas de patrones culturales, así como de profundas necesidades, emociones, fortalezas y debilidades del pensamiento humano, por lo que no es sencillo cambiarlos.[34]

En México por ejemplo, se han llevado a cabo al menos dos intentos por aplicar la teoría general de sistemas a la vida social y política del país. Durante la segunda mitad de la década de 1970, Russell Ackoff impartió cursos, seminarios y conferencias sobre la teoría general de sistemas en la Universidad Nacional Autónoma de México (UNAM), prestando especial atención a la idea de que la organización sistémica del conocimiento permitía "la construcción de los mejores futuros posibles en el largo plazo".[35] En sus años de estadía, escribió un ensayo en el que planteaba la posibilidad de implementar la teoría de sistemas en México con la finalidad de resolver ciertas problemáticas en la planeación del desarrollo nacional. Algunas de estas propuestas llegaron a dependencias gubernamentales pero su ejecución jamás se pudo llevar a cabo. .

Al analizar el paso de Ackoff por México, Vergara Anderson indicaba que "los graves problemas de México habían sido identificados por él; su naturaleza develada; las soluciones a las mismas, al menos en líneas generales, habían sido propuestas, así como el modo de emprenderlas. Lo único que se requería era la voluntad efectiva de quienes de una u otra forma tenían en sus manos la capacidad para llevar a la práctica estas soluciones".[36] Es decir, las condiciones políticas para la toma de decisiones no favorecieron la propuesta sistémica de organización en el diseño de políticas públicas. El control y la rigidez política inhibieron el surgimiento de una aproximación técnica y científica a la organización social con visión de largo plazo.

Por su parte Stafford Beer se acercó a la administración del presidente Miguel de la Madrid en 1982, para proponer algunas acciones que dieran solución a los problemas que aquejaban al país. Esta propuesta partía de un modelo en donde el concepto central era el sistema viable, el cual se caracterizaba por su capacidad de sobrevivir —subsistir o adaptarse— en el seno de un medio ambiente cambiante. La respuesta a este trabajo

---

[34] Meadows, Donella H., *Thinking in systems. A primer,* Sustainability Institute, Estados Unidos, 2008, p. 167.

[35] Vergara Anderson, Luis, "De cómo Russell Ackoff y Stanford Beer llegaron a condenar a México, y de cómo Niklas Luhmann nos ayuda a comprender sus extravíos y también alguno de los nuestros", *Revista Umbral XXI*, núm. 21, verano, Universidad Iberoamericana, México, 1996, p.48.

[36] *Ibidem*, pp. 48-49.

fue similar a la recibida por el de Ackoff.[37] Así, se dejó de lado la oportunidad de adoptar una visión holística de desarrollo en la que se privilegiara el bienestar de las personas ante cualquier acción política emprendida por el Estado.

Este breve repaso por la historia de la teoría general de sistemas en México, permite entrever algunas de las razones por las que no fue posible implementar y apoyar esta forma de percibir la realidad. Sin embargo, los tiempos han cambiado, la mentalidad y la forma de gobernar son diferentes, y las oportunidades que se presentan deben ser aprovechadas de forma racional y sistémica, articulando los planes municipales y estatales a una visión humana de corto, mediano y largo plazo.

Para la utilización de la teoría general de sistemas a través de un modelo sistémico para el desarrollo humano sustentable, se torna fundamental la presencia de una sociedad consciente de las bondades que ofrece el pensamiento sistémico, como una forma de planear, organizar y ejecutar los proyectos a favor del bien común. En este sentido, la sociedad mexicana cuenta con importantes y valiosos elementos históricos y actuales, como la solidaridad y la fraternidad, los cuales facilitan el cambio hacia la organización sistémica y el desarrollo con visión de mediano y largo plazo, como lo ofrece el desarrollo humano sustentable.

La normalidad democrática del país; la cada vez mayor participación social en la manifestación de las inquietudes por parte de los ciudadanos; el creciente deseo de una integración mundial; el gradual —pero constante— incremento de los niveles de escolaridad entre la población; el sentido de pertenencia a un concepto de mexicanidad disperso pero inequívoco, que respeta los matices aportados por la diversidad étnica y cultural de México; una mayor consciencia ciudadana de la importancia y necesidad de una mayor justicia social; así como la convicción natural del ser humano por mayores niveles de bienestar que definen a la sociedad mexicana, son elementos que dan muestra de la necesidad de un reordenamiento gradual y sistémico, capaz de replantear la forma prevaleciente de organización social, lo que coloca a la persona al centro de la estrategia del desarrollo.

Para este propósito, la teoría general de sistemas cuenta con una taxonomía y una estructura conceptual propias que le permiten incidir en el ámbito social de forma

---

[37] *Ibidem*, p. 50.

efectiva. La presente sección realiza una breve descripción de la estructura conceptual por medio de la cual se arriba a la creación de los modelos sistémicos sin pasar por alto algunos conceptos fundamentales que sirven a esta disciplina para clasificar y describir los elementos integrantes de los sistemas.[38]

Estructura conceptual de la teoría general de sistemas

La materialización de la teoría general de sistemas en beneficios reales para la sociedad requiere de instrumentos científicos y metodológicos que conviertan las inquietudes y necesidades de la población en acciones concretas por parte de los gobiernos, la iniciativa privada y la ciudadanía. Estos instrumentos, denominados modelos sistémicos, surgen de una planeación sistémica que contempla la compleja naturaleza de las relaciones existentes entre los actores de la sociedad. Con base en esta premisa, la planeación sistémica valora los posibles efectos de alguna acción sobre cualquiera de los componentes del complejo sistema social que representa un país.

Antes de intentar describir el funcionamiento de los modelos sistémicos, es necesario describir la estructura conceptual que caracteriza el difícil paso desde el pensamiento sistémico hasta la creación de un modelo sistémico. Por este motivo, a continuación se describen las tres etapas mediante las cuales se arriba a la creación de los modelos sistémicos, así como algunos elementos taxonómicos de la teoría general de sistemas, necesarios para utilizar la terminología adecuada en la descripción de los sistemas y sus modelos. La figura II.1 muestra la forma en que se transita del pensamiento sistémico hacia la creación de un modelo sistémico.

---

[38] Para obtener una revisión más profunda sobre la teoría general de sistemas, el lector puede recurrir a textos especializados en la materia: van Gigch, John P., *Teoría General de Sistemas*, Trillas, México DF., 2008; Luhmann, Niklas, *Sociedad y sistema: la ambición de la teoría*, Paidos, España, 1990; Colle, Raymond, *¿Qué es la teoría cognitiva sistémica de la comunicación?*, Centro de Estudios Mediales, Universidad Diego Portales, Chile; entre otros.

Figura II.1 Del pensamiento sistémico al modelo sistémico

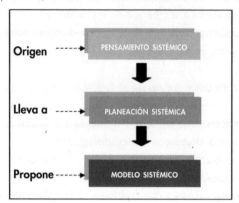

Fuente: Elaboración propia.

Pensamiento sistémico

El pensamiento sistémico ocupa un sitio preponderante en las ciencias sociales debido a la necesidad de comprender y analizar las complejas relaciones que se dan al interior de los sistemas sociales. Concebir la realidad en términos sistémicos, permite dinamizar y adoptar patrones comunes de funcionamiento entre los miembros de una sociedad sin obstaculizar la optimización de los recursos y la obtención de mayores niveles de bienestar para la ciudadanía.

Pensar en sistemas, a pesar de su complejidad, otorga un carácter científico y de organización al quehacer público, ya que la visión de la totalidad se puede desintegrar en diversos sistemas, resultando más sencillo definir los procesos que permiten agilizar y optimizar el funcionamiento de las estructuras sociales. Así, el pensamiento sistémico resulta de gran utilidad para alinear las acciones, estrategias, programas, responsabilidades y metas, a partir de políticas públicas que faciliten un óptimo funcionamiento de los componentes del sistema.

La realidad actual exige visualizar a la sociedad como una compleja red de sistemas conectados entre sí y constituidos por subsistemas, que a su vez están en constante intercambio de información entre sí y con el ambiente. Saber explicar y analizar los sistemas sociales, permite actuar anticipadamente con respecto a los retos marcados por el desarrollo de la humanidad.

Para Peter Senge, el pensamiento sistémico constituye una forma de organizar las ideas de manera inteligente con el propósito de otorgarles un sentido y una estructura que permita observar la realidad y sus conexiones.[39] El pensamiento sistémico se ha convertido en una forma de vida que organiza y armoniza el comportamiento de algunas sociedades occidentales y orientales con elevados niveles de desarrollo como Alemania, Suiza, Noruega, Suecia, Finlandia, Japón, Corea de Sur, Canadá, Estados Unidos o Australia, las cuales lo utilizan en la elaboración de sus proyectos políticos y productivos. En estas sociedades, el pensamiento sistémico ha permitido planear y proyectar políticas nacionales de largo plazo que son ajustadas de acuerdo a las necesidades que surgen en cada momento.

De acuerdo con Senge, algunos de los beneficios que ofrece el pensamiento sistémico a las sociedades que lo adoptan son:[40]

- Una planeación efectiva de las actividades;
- Un análisis del comportamiento del sistema tras la implementación de acciones;
- Un marco referencial que organiza el quehacer diario;
- Un aprendizaje continuo a partir de los aciertos y errores;
- Un marco teórico para la toma de decisiones, y para el diagnóstico y solución de problemas;
- La conformación de un mejor camino para crear estrategias;
- La identificación de resultados de corto, mediano y largo plazo.
- La implementación de un lenguaje común que permita una mejor comunicación.

Así, dadas las ventajas que el pensamiento sistémico ofrece en la toma de decisiones, la clasificación de los sistemas es fundamental para alcanzar un mayor entendimiento del tema, por lo que a continuación se brindan algunas características de los sistemas, que resultan relevantes para el presente análisis.

Los sistemas pueden clasificarse como abstractos o concretos y abiertos o cerra-

---

[39] Senge, Peter, *La quinta disciplina*, Granica, Barcelona, 1990.
[40] *Ibidem*, p.38.

dos. De acuerdo con Gigch, los sistemas abstractos cuentan con elementos que en todos los casos son constituidos por conceptos, mientras que los sistemas concretos cuentan con al menos dos objetos o sujetos entre sus elementos.[41] Por su parte, los sistemas abiertos disponen de otros sistemas con los cuales se relacionan, mientras que los sistemas cerrados no tienen un medio con el cual interactuar. La idea de los sistemas abiertos ofrece importantes indicios para comprender la forma en que un *todo* no puede ser entendido por la simple suma de las partes, sino como un objetivo superior derivado de la riqueza que ofrece la participación colectiva.[42] Además, cada sistema está compuesto por distintos subsistemas que tienen funciones concretas y que permiten alcanzar los objetivos del sistema en su conjunto. Asimismo, la retroalimentación de los sistemas consiste en un proceso por medio del cual el sistema utiliza como insumos sus propios productos.

Otras características de los sistemas son: *1) Actividad,* función de cada elemento del sistema que lo mantienen en constante dinamismo; *2) Estabilidad,* que representa la seguridad que el sistema se mantendrá "vivo" debido a sus capacidad de autoreproducción; *3) Finalidad,* se refiere al elemento causal de existencia del sistema que lo hace cumplir con sus funciones; *4) Evolución,* capacidad para cambiar y propiciar un sincretismo entre sus elementos mediante una relación cíclica que permita su desarrollo; y *5) Adaptabilidad,* posibilidad de que un sistema se ajuste a los cambios del entorno para subsistir.[43]

Dado que la vida en sociedad está compuesta por un intrincado conjunto de sistemas complejos, es necesario adoptar un enfoque holístico que brinde una solución adecuada a la totalidad del sistema en aspectos tan complejos como la pobreza, la inequidad, la corrupción, la inseguridad y otras tantas problemáticas que involucran a las esferas política, social, económica o medioambiental, y que enfrentan las sociedades modernas como la mexicana. Avanzar en este sentido significa tomar el camino adecuado, "en lugar de tropezar y caer en el lodazal de las pequeñas soluciones que sólo abarcan una parte del problema y del sistema, y que olvidan tomar en consideración la interacción e interrelaciones con el resto de los sistemas".[44]

---

[41] Van Gigch, John P., 2008, *op. cit.,* p. 52.

[42] Smith Acuña, Shelly, *Systems Theory in action: applications to individual, couples and family therapy,* John Whiley & Sons Inc., Estados Unidos, 2011, p. 32,

[43] Luhmann, Niklas, *Sociedad y sistema: la ambición de la teoría,* Paidos, España, 1990.

[44] Van Gigch, John P., 2008, *op. cit.,* p. 16.

De acuerdo con estos elementos, México puede clasificarse como un sistema social concreto y abierto, debido a las relaciones que guarda en su interior y con su entorno. Las relaciones dentro de este sistema son cíclicas y la injerencia de cada uno de sus elementos en el funcionamiento general, está estrechamente ligada con los múltiples fenómenos causales del medio externo. Asimismo, México es un sistema evolutivo debido a que sus habitantes son seres vivientes con voluntades propias y con distintas conceptualizaciones sobre el significado del bienestar y los medios para alcanzarlo. Está compuesto por los subsistemas estatales, municipales, locales y familiares, que se encuentran inmersos en un proceso constante de intercambio de información, armonizando las actividades que permiten un mejor funcionamiento del todo.

Cuando las relaciones sociales al interior de una nación se analizan como flujos de información entre distintos subsistemas claramente identificados, se reemplaza el principio de causalidad lineal (causa-efecto) por el precepto teleológico que conduce a interpretar el objeto no en sí mismo, sino por su comportamiento.[45] En este sentido, cabe mencionar que para alcanzar el éxito en la utilización de la TGS, es necesario contar con un amplio sentido de la responsabilidad y con una actitud positiva, además del conocimiento preciso para generar conciencia sobre la necesidad de emplear una planeación sistémica que asegure mejores condiciones de vida para las personas. A continuación se describe brevemente esta planeación sistémica y sus implicaciones para la construcción de modelos sistémicos.

Planeación sistémica

A partir de un pensamiento sistémico es posible llevar a cabo una planeación sistémica, lo cual significa desarrollar un proceso metódico que se pueda aplicar como estrategia para la construcción de un modelo sistémico. A pesar de que el pensamiento sistémico tiene sus orígenes a mediados del siglo pasado, su utilidad es tan vigente que permite la creación de planes para la regeneración y aseguramiento del desarrollo de las personas en sociedad.[46]

---

[45] Colle, Raymond, ¿*Qué es la teoría cognitiva sistémica de la comunicación?*, Centro de Estudios Mediales, Universidad Diego Portales, Chile, 2002, p. 5.

[46] Haines, Stephen G., 2000, *op cit.*, p. 34.

La planeación sistémica es imprescindible, ya que amplía el panorama de conocimiento y análisis, y permite elegir el mejor camino de acción hacia el desarrollo de manera que, al menos sea posible prever escenarios específicos tales como las acciones a seguir, cómo llevarlas a cabo y cuándo aplicarlas. Así, la planeación sistémica propone las bases para promover la efectividad de un sistema, ya que permite anticipar y preparar las acciones que se requieren para enfrentar los obstáculos y transformaciones propios de la evolución del sistema. De cierta manera, una planeación sistémica otorga mayor control sobre la forma de administrar los recursos y esfuerzos del sistema.

En principio, una planeación bien estructurada parte de la racionalidad y la lógica por parte de quienes la llevan a cabo, posteriormente la precisión en cada uno de los movimientos que se efectúen será determinante para alcanzar los objetivos, mientras que la flexibilidad permitirá reaccionar ante los cambios y adaptar el funcionamiento del sistema a las condiciones cambiantes del sistema global.

El diseño e implementación de políticas públicas a través de la planeación sistémica, requiere no sólo de una sociedad que participe en la toma de decisiones y del compromiso de los actores involucrados, sino que además se vuelve prioritario contar con instituciones sólidas y transparentes en los tres ámbitos de gobierno. Los gobiernos y legisladores de los ámbitos municipal y estatal, tienen la posibilidad de abrir paso al análisis y la discusión de la planeación sistémica del país debido a que ésta transforma las expectativas y esperanzas de la ciudadanía en planes estratégicos de corto, mediano y largo plazo: y a su vez contemplan la naturaleza sistémica de la sociedad para desarrollar un programa de acción en el que participe la totalidad de los subsistemas y sus integrantes.

Las acciones que se acuerdan en la planeación sistémica, se emprenden y aplican a través de un modelo sistémico, ya que es el instrumento que garantiza el adecuado funcionamiento de todos los subsistemas, así como la certeza de que los subsistemas no se obstaculizarán entre sí. Por medio de la planeación sistémica se transita del complejo entramado taxonómico y conceptual del pensamiento sistémico hacia la creación de modelos sistémicos para el desarrollo.

Modelo sistémico

Un modelo sistémico representa la abstracción que describe el funcionamiento y estructura de un sistema del mundo real. Dichas abstracciones se presentan tradicionalmente, mediante esquemas, símbolos, números o conjuntos de variables, y de esta forma describen aquellos aspectos del sistema que son relevantes para el propósito que se pretende describir. El modelo es la representación de la interconexión de cada uno de los elementos y componentes que permiten la comprensión del funcionamiento del sistema.

La construcción de un modelo implica la recolección de datos sobre el comportamiento, la interacción y la finalidad de los elementos de un sistema. Como explica Colle, un modelo requiere un análisis histórico del sistema, por lo que "[es necesario] considerar el sistema en cuanto sujeto al paso del tiempo. De ahí la importancia de otro concepto: el de proceso, entendido como el cambio en la materia, energía e información que ocurre en el tiempo. La dimensión dinámica de un objeto se hace visible y se representa mediante procesos".[47] Los modelos sirven para representar la realidad, por lo que se debe contemplar que los sistemas son dinámicos y que su naturaleza es cambiante; considerando que sus componentes y necesidades van transformándose a lo largo del tiempo, el modelo debe conservar una flexibilidad que le permita explicar, analizar y enfrentar los cambios que se presentan en el sistema o su entorno a lo largo del tiempo.

Traducir los modelos sistémicos en estrategias de desarrollo, permite afrontar adecuadamente la realidad cambiante que se observa en las sociedades. La planeación y modelación sistémicas intentan eliminar la incertidumbre y reducir las probabilidades de error en la aplicación de estrategias; lo cual permite generar políticas públicas realistas, responsables, y sobre todo, generadoras de mejores condiciones de vida para la sociedad.

Por este motivo, el modelo para el desarrollo humano sustentable que se propone en la presente obra cuenta con un fundamento sistémico en términos de planeación y funcionamiento, debido a la pertinencia que la teoría general de sistemas ostenta en la búsqueda del desarrollo. En la siguiente sección se presenta un ejemplo de modelo sistémico que ha permitido la articulación de estrategias de desarrollo, organizando las partes del sistema de forma tal que se optimizan los beneficios de la sociedad que lo lleva a cabo. Dicho modelo se enfoca en comunidades rurales y adicionalmente, dicha propuesta se toma como base para la propuesta de modelo de este libro.

---

[47] Colle, Raymond, 2002, *op. cit.* p. 6.

II.3 Un modelo de referencia

El modelo sistémico para el desarrollo rural propuesto por el Instituto Internacional para el Análisis de Sistemas Aplicados (IIASA)[48], se concentra en espacios rurales por considerar que en muchas ocasiones es ahí donde se encuentran los mayores desequilibrios económicos, sociales y medioambientales de las naciones.

El modelo parte del principio *bottom up*, es decir, localiza las necesidades de las comunidades rurales y canaliza hacia ellas los esfuerzos de política, para posteriormente extender sus beneficios hacia otras esferas de influencia mas amplias. Un claro ejemplo consiste en la existencia de una región con potencial en la producción de lácteos, el modelo desarrolla la producción de estos insumos al máximo nivel posible, con la finalidad de elevar la competitividad de dicha región, mejorando también, la capacidad exportadora de la comunidad, el nivel educativo de los habitantes que comercializaran dichos productos, la infraestructura vial necesaria para facilitar los flujos comerciales y así sucesivamente, hasta alcanzar niveles adecuados de desarrollo humano en todas las esferas de su vida en comunidad. Este principio se encuentra encaminado hacia la creación de una atmósfera de sustentabilidad, de forma que las actividades económicas, políticas y sociales permitan a las generaciones futuras, el mismo aprovechamiento de recursos que a las generaciones del presente. Esta forma de apoyar el crecimiento local se transforma gradualmente en un mayor crecimiento regional y nacional sostenido en el largo plazo.

El modelo de IIASA es multidimensional, pues propone el desarrollo de las comunidades rurales mediante un proceso de implementación y ejecución de acciones en distintas dimensiones como el desarrollo humano, la esfera política y administrativa, la ciencia y la tecnología, el crecimiento económico, la infraestructura y el cuidado al me-

---

[48] En general, los proyectos de IIASA son análisis mundiales de diferentes problemas, implementando el trabajo de la ciencia pura en la formulación de políticas públicas, mismos que desde hace más de dos décadas, han convertido al Instituto en la principal fuente de consulta de los Organismos Internacionales. Al ser una organización no gubernamental, IIASA hace propuestas al margen de motivaciones políticas, es decir, imparciales. Esta neutralidad e imparcialidad es valorada por las organizaciones nacionales científicas y por sus miembros en África, Asia, Europa y Norteamérica, los cuales nombran a un representante para que supervise el desarrollo del Instituto.

dio ambiente; dependiendo de las necesidades específicas de las comunidades en las que el modelo sea aplicado. La figura II.2 ilustra las seis dimensiones del modelo propuesto por IIASA para el desarrollo rural.

Figura II.2 Dimensiones del desarrollo rural para IIASA

Fuente: RAPS China, IIASA.

Dichas dimensiones muestran algunas de las esferas sobre las que se puede detonar el desarrollo en las regiones rurales, buscando mantener un equilibrio adecuado entre los objetivos, es decir, ponderar las prioridades de la sociedad, sus condiciones actuales de vida y la forma en que consiguen su sustento económico. Además, el modelo considera necesario el análisis de los aspectos culturales y de las necesidades medioambientales de la comunidad en cuestión, con tal de conseguir un desarrollo integral.

Para IIASA, el objetivo del modelo consiste en desarrollar estrategias que articulen las políticas públicas del ámbito rural con el crecimiento económico y social. El desarrollo rural es modelado por IIASA, como una secuencia de cuatro etapas para la construcción e implementación de políticas públicas, dichas etapas son denominadas como: *1)* análisis, *2)* negociación política, *3)* modelación y *4)* la etapa de implementación. La figura

II.3 muestra estas etapas, divididas en dos áreas que se intersectan entre sí, debido a la conexión entre dos tipos de actividades.

Figura II.3 El proceso de Desarrollo Rural

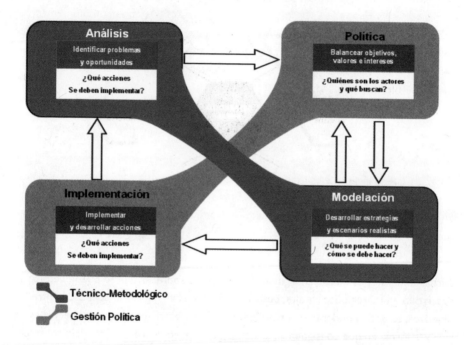

Fuente: Traducción ERD Project IIASA.

Las áreas azules se refieren a las fases apoyadas en sistemas de investigación, mientras que las áreas verdes dan cabida a la participación de los sectores público, privado y social en la definición de los objetivos, valores e intereses, así como a las estrategias de implementación. Este ejercicio es una dinámica constante de acuerdos, negociaciones y acciones dirigidas a alcanzar un desarrollo bajo los preceptos sistémicos.

El modelo representa un sistema organizado armónicamente, que mantiene una interacción continua entre sus elementos y con el entorno. Su aplicación es mediante un proceso definido por fases dinámicas que permiten su implementación partiendo de un diagnóstico, para posteriormente proseguir con la construcción de consensos y modelación, y finalmente llevar a cabo la etapa de implementación, que incluye estrategias de retroalimentación. A continuación se expone este modelo desarrollado por IIASA, que es retomado como referencia para la construcción del modelo para el desarrollo humano sustentable en México que se presentará en el capítulo III.

Etapa de análisis

Durante esta primera etapa, es necesario llevar a cabo un análisis exhaustivo de la situación que prevalece en el sistema, con la finalidad de otorgar un diagnóstico preciso de las problemáticas que lo aquejan. Esto significa que se realiza un análisis de las problemáticas económica, social, demográfica, política o medioambiental, que empieza cuando la ciudadanía, la clase política, las empresas o cualquier agente involucrado en la vida de dicho sistema, identifica la problemática existente, y reconoce que es posible obtener de ella, una solución que traiga beneficios a la sociedad.

Lo más importante de esta etapa consiste en identificar claramente los problemas y describir las oportunidades para resolverla. Durante esta etapa del modelo, la sociedad se sirve de científicos especializados que aplican el análisis de la problemática y delinean las posibles oportunidades. Asimismo, los especialistas brindan un panorama general que describe los cambios positivos o negativos que traerían consigo las modificaciones implícitas en la solución.

Para llevar a cabo cualquier acción dentro de un sistema, es necesario partir de un diagnóstico. Un ejemplo claro de esta dinámica se encuentra en el campo de la medicina: cuando un paciente se presenta en un consultorio y el médico comienza a examinarlo, éste crea un perfil de acuerdo a los síntomas que en principio presenta la persona y realiza un estudio de sus signos vitales; sólo tras la verificación de los datos obtenidos, se puede realizar un diagnóstico y prescribir un tratamiento. En el ámbito de las ciencias sociales también es necesario medir, con todos los instrumentos asequibles, las condiciones de desarrollo de cada región: estadísticas confiables, índices precisos, encuestas y todos los métodos científicos que permitan observar la situación a manera de radiografía. Un diagnóstico preciso es la base del éxito en las estrategias de desarrollo aplicadas en determinado tiempo y espacio, pues permite atender con mayor conocimiento y seguridad, los problemas más significativos de la región y evitar el desperdicio de recursos.

La elaboración del diagnóstico permite conocer el estado de la situación local frente a parámetros nacionales o internacionales, o con respecto a quienes cuentan con los indicadores más altos o más bajos de alguna variable, de forma que se puede decidir el sendero correcto hacia un mejor desempeño de cualquier dimensión del sistema. El análisis que da origen al diagnóstico, debe hacerse de forma periódica con la finalidad de permitir que las acciones implementadas se adecúen a los requerimientos de la situación que prevalezca y para que los planteamientos propuestos no pierda vigencia cuando se les proyecte hacia el largo plazo. Un diagnóstico con los preceptos mencionados, arroja la información esencial para formular políticas públicas encaminadas hacia el desarrollo.

Para realizar un diagnóstico preciso y adecuado sobre las situaciones que prevalecen en la región, IIASA plantea una matriz de evaluación que permite escudriñar detalladamente la situación de dicha región.[49] La figura II.4 muestra gráficamente las categorías de análisis a las que se deben someter las dimensiones del modelo con la finalidad de obtener un análisis y un diagnóstico adecuados.

No es necesario que estas categorías de diagnóstico se hagan de forma secuencial, pero sí es fundamental que las dimensiones del modelo pasen por un análisis basado en estas categorías. Idealmente, este análisis situacional debe aplicarse a cada localidad bajo estudio, de forma que se obtenga un diagnóstico en el que se detecten las necesidades y oportunidades de desarrollo.

---

[49] Heilig, Gerhard K., *Sustainable rural development*, IIASA, Austria, 2004. Matriz extraída de los trabajos realizados por los investigadores en IIASA que se aplica para el Desarrollo Rural.

Figura II.4 Matriz de Evaluación

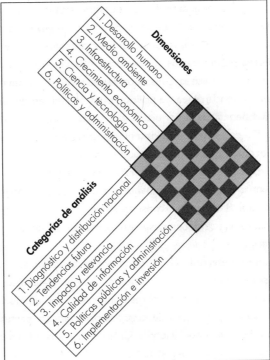

Fuente: Traducción ERD Project IIASA.

Etapa de política

Incluso teniendo un diagnóstico claro y preciso sobre la situación particular de cada localidad, la siguiente etapa del proceso no es sencilla. Esta etapa —representada en la figura II.3 por el rectángulo posicionado en la esquina superior derecha y denominado política—, consiste en presentar y discutir los principales problemas a resolver, para avanzar hacia un desarrollo integral a partir de las dimensiones. Esto significa que los principales actores de la sociedad deben alcanzar acuerdos sobre las líneas a seguir para fomentar el crecimiento y el desarrollo. Por lo tanto, esta etapa tiene una importancia relevante en el proceso, pues es la etapa en que se construyen consensos y se hacen negociaciones políticas con el apoyo de la participación ciudadana y la intervención de políticos, planeadores y empresarios.

El elemento que permite la construcción de diversos escenarios de desarrollo se encuentra presente en la etapa de política, pues es aquí en donde cada uno de los actores expone los beneficios o perjuicios que sufriría con la implementación de determinada acción. De esta forma se calibra el impacto, tratando de favorecer a la mayor cantidad de involucrados y aludiendo en todo momento al principio de democracia y a la preservación de un clima de concordia. Esta es la importancia de alcanzar acuerdos y negociaciones entre todos los participantes; es un trabajo de política en el más amplio sentido, pues implica el arribo a consensos que permiten esclarecer cuáles son las principales actividades que se deben desplegar con el fin de mejorar las condiciones de vida de las personas.

En el modelo de desarrollo rural, los campesinos, activistas ambientales, empresarios de la industria alimenticia, propietarios de hoteles y negocios rurales, políticos locales, entre otros, tienen distintos valores e intereses, que en muchas ocasiones son opuestos. Es aquí donde el proceso de negociación política y participación ciudadana permite trascender hacia la modelación de los escenarios para la aplicación de las políticas públicas derivadas de estas negociaciones.

Etapa de modelación

La tercera etapa del modelo sistémico es la modelación, en la cual se desarrollan estrategias y se establecen escenarios realistas apoyados por diversos sistemas de investigación. Asimismo, se trazan las metas y objetivos específicos, y se definen las estrategias y actores para cada proyecto. El proceso político en la definición de premisas del desarrollo es extremadamente difícil cuando la mayoría de los agentes tiene preferencias distintas. La construcción de los consensos es mucho más sencilla cuando existe una planeación previa del desarrollo, provista de escenarios y estrategias basados en datos reales.

Las discusiones políticas se facilitan cuando los actores pueden decidir entre un pequeño número de alternativas reales de desarrollo. Usualmente el proceso de desarrollo tiene que pasar por un periodo en el que las fases de modelación y negociación política presentan una constante interacción, durante la cual las propuestas se van deshaciendo de elementos entrópicos hasta alcanzar opciones viables y bien definidas.

Etapa de implementación

La última etapa del modelo es la implementación, que representa el momento en el que se toman las decisiones para dar solución a los problemas y en donde se desarrollan y llevan a cabo las acciones planeadas. Esta etapa es denominada por los planeadores como un ciclo necesario del desarrollo en donde el principal objetivo consiste en especificar las tareas específicas, para posteriormente designarlas a los distintos agentes.

En la etapa de implementación se requiere de expertos en aspectos financieros, administrativos, agrícolas, urbanos, comerciales, turísticos y de cualquier actividad económica o social que se requiera implementar en la región objeto de estudio. La implementación de las políticas y acciones también demanda la participación ciudadana y el ejercicio de la democracia, así como una actitud ética y de concordia entre los servidores públicos y los empresarios, además de la intervención y apoyo de las empresas y organismos especializados en cualquier tema relevante para el proyecto. Es necesario que la implementación de políticas públicas encaminadas al desarrollo en cada una de las dimensiones establezca de manera precisa metas y objetivos que promuevan mayores niveles de bienestar para la sociedad.

Como se ha mencionado previamente, el modelo sistémico descrito en la presente sección, sirve como fundamento para la construcción del modelo sistémico para el desarrollo humano sustentable en México que se propone en el siguiente capítulo. La diferencia entre ambos modelos radica en la aportación por parte de este documento, de un marco conceptual para el desarrollo humano sustentable que muestra la finalidad última del modelo mediante una serie de variables denominadas condiciones, medios y fines del desarrollo. Asimismo, el modelo propuesto, va más allá de la esfera rural para centrar su atención en la importancia de la persona en todas las etapas del desarrollo y desde todos los niveles de gobierno y esferas geográficas; asimismo, ofrece una clara descripción de las etapas de implementación y retroalimentación en el proceso de desarrollo con sus respectivos elementos operativos. Finalmente, el modelo sistémico para el desarrollo humano sustentable propone, en el capítulo cuarto, la necesidad de un ambiente de concordia y democracia para garantizar su adecuado funcionamiento y la consecuente generación de desarrollo entre los subsistemas de México.

En este sentido, resulta relevante reafirmar la pertinencia e importancia de la utilización de la teoría general de sistemas como el colocamiento teórico que, desde esta perspectiva, permita que el modelo propuesto ofrezca un desarrollo gradual para la sociedad mexicana del siglo XXI. Una sociedad caracterizada por su avidez de mayor equidad y respeto pleno de los derechos humanos, deseosa de mayores niveles de seguridad humana y de una erradicación de la discriminación, para constituirse como la principal promotora de su desarrollo y el de cada uno de sus miembros. Una sociedad consciente de los beneficios ofrecidos por mayores niveles de productividad, competitividad y cooperación en la esfera internacional, para alcanzar los anhelos de libertad plena y sustentabilidad que como pueblo se comparten y que son sinónimos del bienestar común.

II.4 Consideraciones necesarias para la aplicación del modelo

Los modelos políticos, económicos y sociales de comportamiento, requieren un conjunto de supuestos básicos a partir de los cuales obtener un alto grado de efectividad en sus acciones. En este sentido, las características sociodemográficas del lugar en donde se pretendan implementar los modelos sistémicos de desarrollo determina en buena medida, los resultados que estos puedan ofrecer a las sociedades que los implementan.

El equilibro prevaleciente entre las fuerzas del Estado, las cúpulas empresariales, los trabajadores y la ciudadanía organizada —que idealmente debería estar regido por la democracia— puede determinar el éxito o fracaso en la implementación de los modelos. Asimismo, las dinámicas económica y comercial que prevalezcan en dicho sistema se constituyen como un buen indicador de los alcances que tendrá la aplicación del modelo: mientras más ágiles, transparentes e institucionalmente fortalecidas se encuentren las estructuras jurídicas y los mercados que dan cuerpo al sistema, mayor será el nivel de impacto de las políticas públicas implementadas por medio del modelo. Finalmente, la infraestructura productiva y el capital humano existentes en el sistema, también son variables fundamentales para alcanzar mayores niveles de desarrollo humano sustentable. Pese a que en muchas de las sociedades denominadas economías en desarrollo, estos supuestos no se presentan o lo hacen de forma incompleta, el pensamiento sistémico ofrece la ventaja de que equilibra gradual y progresivamente el peso de los actores sociales en la toma de decisiones e implementación de las acciones realizadas en favor del desarrollo. En ese sentido, a continuación se presentan tres ejemplos sobre la implementación del modelo de IIASA para el desarrollo rural en los que se muestra la importancia de ciertas plataformas para el éxito en la implementación del modelo; para posteriormente presentar las plataformas técnicas, políticas, económicas y de participación, que deseablemente deberían prevalecer al interior de los sistemas en los que se pretenda aplicar el modelo.

Los casos de Alemania, Estonia y China

El modelo sistémico de IIASA ha sido aplicado en diversas latitudes del planeta, específicamente en Europa y China, con resultados positivos en el nivel de desarrollo de las comunidades. Un ejemplo de la implementación del modelo se aprecia en la población alemana de Scheunenhof, en donde la principal actividad económica consistía en la extracción e industrialización de sal. La provincia quedó devastada después de la reunificación alemana, alcanzando tasas de desempleo del 20 por ciento. El proyecto de IIASA se enfocó en impulsar pequeñas empresas mediante la asociación de ganaderos, restauranteros y agricultores, utilizando como insumos los productos regionales.

Aplicando el modelo, se crearon nuevos empleos y se contribuyó al desarrollo económico de toda la región a través de los productores primarios. Scheunenhof es ahora reconocido por sus restaurantes y turismo rural, lo que ha derivado en una mayor consciencia ecológica. En términos de política pública, este proyecto se integró en los planes de desarrollo rural del Ministerio de Agricultura de Alemania.[50]

Otro ejemplo de la implementación del modelo, es el de Viljandi Maa, Estonia, para el desarrollo ecoturístico. Después de su separación de la Unión Soviética, Estonia ha experimentado un crecimiento constante, encontrando en el turismo una importante

---

[50] Heilig, Gerhard K., Anja Wickenhagen y Adriana Pontieri, *Innovate Rural Development Initiatives. Case of Study I: Scheunenhof. A project to promote direct marketing of organic farming products in Eastern Germany*, IIASA, Laxenburg, 2002.

fuente de ingresos y oportunidades de trabajo. Este proyecto se puso en marcha mediante la creación de una organización no gubernamental llamada Viljandi Maa Tourist Association, la cual se dedica a desarrollar el sector turístico mediante la apertura de centros vacacionales en las áreas rurales. El medio ambiente se constituyó como un aspecto fundamental para este proyecto, por lo que la asociación buscaba la conservación de la belleza natural de los espacios turísticos, al considerarla como un elemento vital para el crecimiento del turismo en la región.

Esta asociación, creada por la comunidad de Viljandi Maa, estableció una red entre la población, las pequeñas y medianas empresas del sector, el gobierno y otras instituciones públicas, que permitió el adecuado desarrollo de centros turísticos que ofrecen entrenamiento, seminarios, excursiones y otras actividades. En el ámbito político, el gobierno forma parte de esta asociación, debido a la necesidad de un aliado que apoye económica y políticamente los proyectos turísticos de la población.[51]

Estos ejemplos muestran la articulación del proceso de desarrollo rural de una región a partir de la organización, el esfuerzo conjunto y la adecuada utilización del modelo sistémico. Como estos dos ejemplos, IIASA tiene en marcha más de una docena de proyectos que se llevan a cabo en Europa con la intención de desarrollar desde el ámbito rural la economía de la población en áreas específicas.

El modelo para el desarrollo rural también ha sido aplicado en China con resultados menos satisfactorios. Estos matices se explican, de acuerdo con IIASA, debido a que China contaba con características muy distintas a las de los países europeos.[52] Si bien, en el contexto internacional se reconoce la importancia de China; la forma en que este país dirige sus procesos de desarrollo contrasta con los modelos democráticos fundados en el libre mercado en un mercado dirigido que figuran en Europa.

Durante el proceso de implementación, los integrantes de IIASA se percataron de la falta de transparencia y exactitud en el diagnóstico que había arrojado la etapa de análisis. Así, los índices demográficos y económicos a los que se tenía acceso no concordaban con la realidad del país, lo que evidenció que no era posible implementar medidas co-

---

[51] Heilig, Gerhard K., Anja Wickenhagen y Adriana Pontieri, *Innovate Rural Development Initiatives. Case of Study 2: Viljandi Maa. Ecotourism in Estonia*, IIASA, Laxenburg, 2002.

[52] Información obtenida a partir de correspondencia electrónica sostenida con personal de IIASA durante 2006.

rrectivas partiendo de un diagnóstico impreciso. Al momento de evaluar los resultados, IIASA se percató de que el problema radicaba, tanto en la inadecuada información recabada, como en una modelación de políticas públicas basada principalmente en intereses que no correspondían a los de las comunidades.

Así como la aplicación del modelo para el desarrollo rural no surtió los mismos efectos en distintas latitudes, los modelos económicos tradicionales han tenido efectos diversos a lo largo del planeta; mientras que algunas economías de la cuenca del pacifico han podido obtener importantes dividendos a partir del modelo de libre mercado; en Latinoamérica los resultados no han sido tan satisfactorios para todos los países.[53]

Debido a esta clara heterogeneidad entre los sistemas nacionales en el mundo y de los subsistemas al interior de cada país, a continuación se brindan algunas consideraciones deseables con las que México —entendido como un sistema— debería contar para un óptimo funcionamiento del modelo para el desarrollo humano sustentable. La justificación para incluir las consideraciones que a continuación se presentan, radica en la necesidad de elevar las probabilidades de éxito en la búsqueda del desarrollo; aunque como se explicó previamente, los modelos sistémicos bien ejecutados tienden a corregir las asimetrías en las cuotas de poder y control económico, político y social por parte de los agentes que integran el sistema.

Plataformas técnicas y metodológicas

Como se ha comprobado en los ejemplos expuestos, el primer punto de acercamiento para la puesta en marcha de un modelo de desarrollo, consiste en la adopción de una forma sistémica de pensamiento por parte de los actores del desarrollo. Este pensamiento permite construir redes lógicas de interacción entre diversos sistemas y subsistemas, pues al concebir el desarrollo desde el pensamiento sistémico, se op-

---

[53] Los procesos de implementación del modelo de mercado en las economías latinoamericanas, así como el paso de países provenientes de un régimen socialista hacia el liberalismo económico se encuentran ampliamente documentados. Stiglitz, Joseph, *El malestar en la globalización*, Editorial Taurus, España, 2002; Wade, Robert, *El mercado dirigido. La teoría económica y la función del gobierno en la industrialización del este de Asia*, FCE, México, 1999; Todaro, Michael y Stephen C. Smith, *Economic Development*, Addison Wesley Longmann, Estados Unidos, 2009; Gros, Daniel y Steinherr, Alfred, *Economic Transition in Central and Eastern Europe: Planting the Seeds*, Cambridge University Press, Cambridge, 2004; entre otros.

timizan los recursos y se reduce la incertidumbre derivada de eventos causales. Es importante conformar estrategias para elaborar políticas públicas desde una plataforma sistémica, es decir, cada proyecto debe realizarse sobre las bases de una sistematización que permita la interrelación de los sistemas. De igual manera, se requieren grupos multidisciplinarios que permitan el eficiente aprovechamiento de los insumos, desde un diagnóstico preciso, negociaciones y acuerdos, hasta el diseño e implementación de políticas públicas.

Como primer punto en el proceso, se requiere un cuidado riguroso al momento de recabar y manejar la información con la que cuenta el sistema. Si se carece de datos verídicos, es muy difícil alcanzar acuerdos sobre las necesidades de la población, y con base en ello desarrollar políticas públicas orientadas a la solución de dichos retos.

Durante esta etapa, es fundamental la participación de los sectores público, privado y social, puesto que la responsabilidad de un desarrollo de largo plazo recae sobre todos ellos. Dicho desarrollo debe guardar las características fundamentales de ser sustentable y expansiva en lo económico, en lo político, en lo social y en lo ambiental, con la finalidad de que la suma del desarrollo de los municipios rinda frutos para las entidades federativas y el país en su conjunto. Esto no indica, sin embargo, que mientras se detonen las estrategias en los municipios, las demás entidades de gobierno se mantengan estáticas; por el contrario, se deben establecer las estrategias para que el crecimiento se obtenga desde los tres órdenes de gobierno de manera simultánea y coordinada.

El conocimiento técnico necesario para llevar a cabo la planeación sistémica y la construcción de modelos puede ser ofrecido a los gobiernos municipales por parte de agencias especializadas en la aplicación sistémica de modelos de desarrollo. Estas agencias deben ser localizadas y contratadas por parte de los gobiernos para impulsar el desarrollo de sus territorios.

Escenarios políticos

En las democracias modernas, el ambiente ciudadano está determinado por las relación que existen entre el gobierno y la sociedad. La fortaleza de una democracia se relaciona positivamente con la participación y organización ciudadana, con el respeto que los partidos políticos otorgan a la ciudadanía, con la convivencia en concordia de distintos grupos de interés, y en general, con la fortaleza institucional y la existencia de reglas del juego capaces de acotar el poder económico de las cúpulas políticas y empresariales, y distribuir adecuadamente la riqueza generada por la sociedad.

A través de la demanda de sus necesidades colectivas, la sociedad aporta elementos que orientan en la toma de decisiones sobre las políticas públicas que se requieren para elevar su nivel de bienestar, o que influyen en el reajuste al que tienen que ser sometidas dichas políticas en caso de no satisfacer plenamente los intereses de la población.[54] En este sentido, es deseable la existencia de una consciencia ciudadana sobre la importancia de la participación organizada en favor de la sustentabilidad y el respeto de las libertades en el largo plazo.

La plataforma política debe estar compuesta por instituciones que privilegien la sustentabilidad y que estén encaminadas a dar una solución contundente a los problemas económicos, sociales, políticos o de cualquier índole. Dicha plataforma implica que las futuras generaciones disfruten de condiciones iguales o más favorables que las de las generaciones actuales. Esta plataforma supera un enfoque de desarrollo meramente económico, para privilegiar uno que además logre favorecer el desarrollo integral de la persona, aumentando la productividad y competitividad, fomentando el avance científico y tecnológico, y reduciendo los impactos ambientales.

Adicionalmente, la democracia conforma la plataforma política más importante para la implementación del modelo de desarrollo, puesto que para alcanzar el desarrollo es necesario contar con un ambiente democrático, cuya función básica radique en la promoción y en el respeto de los valores y derechos fundamentales de la sociedad. La democracia ofrece un sistema que enaltece los derechos humanos, a la vez que incentiva a los gobernantes a responder a las demandas ciudadanas.

No es necesario que la democracia sea perfecta para que se comience con el proceso del desarrollo, puesto que éste la perfecciona conforme avanza; lo que sí es muy importante es la disposición de la ciudadanía a mantener y elevar los niveles de democracia a través del proceso de desarrollo. En este sentido, la sociedad debe tener presente la responsabilidad que implica ser libre y la compatibilidad de este valor con la

---

[54] Gabaldón, Arnoldo José, "Desarrollo sustentable y democracia", *Revista del CLAD Reforma y Democracia*, núm. 23, Caracas, 2002.

de gobernabilidad; mientras que los actores políticos deben estar dispuestos a conservar y elevar el nivel de la democracia.

En el capítulo cuarto se abunda sobre la importancia del valor universal de la democracia y de la concordia nacional para facilitar la obtención del desarrollo humano sustentable por medio del modelo sistémico propuesto.

El entorno económico

Otra de las consideraciones previas a la implementación de un modelo sistémico, consiste en contar con el análisis del entorno económico, con la finalidad de que éste ofrezca las condiciones necesarias para la implementación del modelo. Para que las políticas públicas impulsadas por el modelo puedan traer consigo mayores oportunidades de desarrollo a la sociedad, es necesario establecer algunos parámetros ligados al ambiente económico de la localidad en la que se pretenda implementar el modelo.

En primer lugar, se requiere que los sistemas y subsistemas cuenten con un ambiente comercial dinámico, en el que exista interés por la mejora continua. El fomento a la diversificación productiva local y el incremento del valor agregado en las actividades económicas también resultan fundamentales para la evolución económica de la localidad. Asimismo, es necesario mantener y mejorar el entorno medioambiental de aquellos sistemas y subsistemas que desarrollen cualquier actividad económica.[55]

La promoción de actividades empresariales innovadoras es fundamental para que las regiones desempeñen un papel protagónico en la economía, trayendo con esto un mayor impulso de la riqueza y el empleo productivo. Para lograr este cambio, es necesario estimular —desde el ámbito local— el diseño de incentivos públicos y privados para la creación de fuentes de empleo a partir las ventajas comparativas de las localidades y de ideas innovadoras, brindando con ello, un mayor número de apoyos de financiamiento a las micro, pequeñas y medianas empresas.

Asimismo, debe considerarse la dinámica del mercado local, la capacidad de pro-

---

[55] Alburquerque, Francisco, "Metodología para el desarrollo económico local", en Del Castillo, Jaime., Barroeta, B., Bayón, María y Cordero, E., *Manual de Desarrollo Local*, Gobierno Vasco, Vitoria-Gasteiz, 1994, p. 313.

ducción de las empresas, la tecnológica existente, el sistema de apoyo crediticio, los aspectos políticos y sociales y el patrimonio histórico-cultural de las regiones.

La descentralización y desregulación gubernamentales también resultan fundamentales para que el ambiente económico alcance niveles de mayor competitividad. Lo anterior apoya el argumento de que una mayor autonomía de las administraciones municipales, para impulsar iniciativas locales, no le resta importancia a las demás entidades de la administración pública; al contrario, una nueva división de funciones entre ellas, permitirá un mejor aprovechamiento de los recursos. Las autoridades locales pueden sentar las bases que permitan una mayor promoción económica, así como gestionar la asociación municipal para poner en marcha proyectos productivos, urbanísticos y sanitarios que faciliten el crecimiento económico y el desarrollo local con una cuidadosa vigilancia de la colaboración social.

Sin embargo, debido a que los programas de desarrollo económico local presentan limitaciones financieras y de competencias, también es necesario considerarlos de forma coordinada entre dos o más órdenes de gobierno. Además, no todas las municipalidades tienen las mismas posibilidades y recursos, de modo que es importante que existan mecanismos de apoyo para dotar a la totalidad de las localidades de capacidades de desarrollo; todo esto implica incorporar una lógica sistémica sobre la gestión municipal.[56]

Acuerdos y participación ciudadana

Finalmente, otro elemento fundamental para el adecuado funcionamiento de los modelos sistémicos es la ciudadanía, representada como un ente participativo que ejerce sus potestades más elementales. El cuestionamiento de las decisiones y las manifestaciones de aprobación o censura de iniciativas políticas, sociales, económicas o de cualquier índole, es el elemento social que brinda un sentido ciudadano a cada acto de los gobiernos. La participación ciudadana consolida la democracia, perfila las decisiones de forma adecuada y clarifica el camino que se tiene por delante. La sociedad civil —cada vez en mayor medida— reclama su lugar primordial en el debate sobre los modelos de desarrollo y la definición del futuro nacional.

[56] *Ibidem*, p. 319.

Las campañas a favor de la participación ciudadana, así como los medios propicios para que ésta refuerce su marcha y traiga consigo un fortalecimiento del sistema democrático, son fundamentales para la consolidación de un modelo de desarrollo de cualquier índole, pero especialmente para un modelo que antepone a la persona sobre cualquier otro objetivo o interés, tal como lo hace el modelo sistémico del desarrollo humano sustentable. Cuando un gobierno pone en manos de la ciudadanía las herramientas para generar propuestas sobre el plan de acción que se ha de seguir, y los ciudadanos ven plasmadas sus necesidades; se genera una mayor motivación para mantenerse informados, hacer propuestas, cuestionar y dar seguimiento a las decisiones de los gobiernos, por lo que el desarrollo se socializa de forma adecuada.

Las agrupaciones ciudadanas, grupos de colonos, organizaciones no gubernamentales y cualquier cuerpo organizado de ciudadanos decididos a involucrarse en el debate político de la nación, encarnan un nuevo activismo político saludable y creativo que deja de lado las rencillas vacías y los conflictos retóricos sin trasfondo real. Estos actores colectivos del desarrollo centran su atención y esfuerzo en la defensa del derecho a la identidad, promueven la desaparición de inequidades, denuncian las violaciones a los derechos humanos, propician la equidad en la distribución del ingreso, cuestionan la depredación de la naturaleza, establecen barreras ante la expansión de prácticas delictivas y defienden las mejoras necesarias en la calidad de vida.[57]

La importancia de estas agrupaciones de personas radica en el fortalecimiento de la ciudadanía como un agente activo, alejándose de la concepción de individuos desarticulados que realizan intentos fallidos hacia múltiples direcciones en búsqueda del desarrollo. La participación ciudadana permite y propicia un flujo adecuado de la información; y funciona como un fluido vital del sistema, nutriendo de vida a cada uno de sus elementos. Los actores ciudadanos colectivos y su participación son fundamentales, al menos en tres sentidos básicos: *1)* son canales de expresión que brindan legitimidad a las estrategias de desarrollo; *2)* constituyen la modalidad a través de la cual la comunidad busca reapropiarse de su propio destino, a partir de su participación en el espacio público, en el debate sobre las finalidades del desarrollo y en la toma de decisiones; y

---

[57] Sarmiento, Julio, "Políticas públicas para el desarrollo sustentable local. Nuevos escenarios y desafíos", *Escenarios*, núm. 10, febrero, Buenos Aires, 2006, pp. 9-10.

3) contribuyen a la adopción de un estilo de desarrollo caracterizado por una mayor integración social y cuidado del medio ambiente, a través de la puesta en marcha de un conjunto de recursos y capacidades esenciales para el despliegue de redes solidarias, de promoción social y de protección del medio ambiente.[58]

El desafío que implica la adopción de un modelo de desarrollo que busque integrar y armonizar los aspectos económico, político, social y ambiental requiere de estructuras de gobierno aptas para abordar tal complejidad, de una activa participación ciudadana, de una iniciativa privada participativa y responsable, así como de instituciones sólidas que guíen la búsqueda del desarrollo. La visión sistémica incluye, facilita y orienta el diseño de políticas públicas encaminadas a fortalecer el desarrollo humano sustentable en los tres ámbitos de gobierno, a la vez que permite centrar el proceso de desarrollo en las necesidades de realización de las personas.

En el siguiente capítulo se presenta la construcción, articulación y funcionamiento de un modelo sistémico para el desarrollo humano sustentable en México que busca servir como una guía para alentar un proceso de desarrollo basado en el valor y en la dignidad de la persona.

[58] *Idem.*

Capítulo III

Un modelo para el desarrollo humano sustentable

Como se ha afirmado a lo largo de esta obra, el valor más importante que puede encarnar cualquier proyecto de desarrollo es el respeto por los derechos fundamentales del ser humano, ya que el respeto a ser persona es imperante para que las sociedades puedan mejorar en los ámbitos político, económico y social. Si se carece de una identidad humana en cualquier ambiente, por avanzado que parezca en términos económicos, tecnológicos, sanitarios o educativos, este valor será incapaz de repartir sus bondades entre los miembros de la sociedad.

Es en esta dirección que el desarrollo humano sustentable persigue la libertad y la sustentabilidad como aspectos necesarios para el bienestar de la sociedad. Ambos elementos aseguran una serie de condiciones sociales y políticas, así como los medios económicos que fortalecen de manera gradual el posicionamiento de la persona como el principal agente en la búsqueda del desarrollo y a la vez, como el máximo receptor de los beneficios de este proceso.

Además, el desarrollo humano sustentable garantiza las libertades fundamentales de la persona y las extiende a lo largo del tiempo, por lo que representa una visión que abarca el proceso de desarrollo de forma longitudinal, es decir, considera a cada uno de los elementos que participan en el desarrollo de una nación, así como a su papel a lo largo del tiempo. Este enfoque es ofrecido por la teoría general de sistemas, la cual

facilita el tránsito del concepto del desarrollo humano sustentable de un estado meramente teórico hacia uno operativo y práctico capaz de ofrecer beneficios tangibles para
la población a través de un modelo.

A corto plazo, el modelo sistémico para el desarrollo humano sustentable brinda
claridad en el horizonte, un camino con el que la mayoría de la población está conforme
y que ofrece una ruta hacia el bienestar; a mediano plazo, ofrece una mejoría regional
de los distintos subsistemas, los cuales pueden desarrollar su potencial mediante sus
ventajas competitivas y comparativas; y finalmente, a largo plazo, se espera que los avances a nivel regional generen economías de escala y una espiral virtuosa que promueva
el desarrollo en toda la nación.

Así, tras alcanzar algún estado de desarrollo, será necesario replantear el enfoque
adoptado para la búsqueda de los objetivos de corto, mediano y largo plazo buscados
a través de las políticas implementadas, pues el bienestar de las personas siempre será
mejorable. En el caso de México, la coyuntura que se abre durante los cambios de administración municipal, estatal y federal, ofrece la oportunidad de efectuar cambios de
enfoque en la búsqueda de los objetivos de desarrollo.

Con esta claridad, es evidente que la planeación de un modelo sistémico para
el desarrollo humano sustentable en México no es una tarea sencilla: la propuesta requiere de un profundo análisis que identifique los principales obstáculos que limitan el
crecimiento del país, para entonces detectar los campos de acción sobre los que se
incursionará para mejorar la situación prevaleciente. En este sentido, los tres órdenes
y los tres poderes de gobierno, la iniciativa privada y la ciudadanía, desde todos los
ámbitos del conocimiento y con políticas públicas transversales, son quienes tienen la
responsabilidad de trabajar de manera coordinada en la implementación plena del DHS.

Así, el presente capítulo se encuentra dividido en tres secciones con la intención
de arribar a la propuesta metodológica para la consolidación del desarrollo nacional: *el
modelo sistémico para el desarrollo humano sustentable*. En primer lugar se retoma la discusión sobre la necesidad y pertinencia del modelo, otorgando claridad sobre la inclusión
de las condiciones, los medios y los fines del desarrollo humano sustentable como los
objetivos del modelo; posteriormente se definen y describen los componentes operativos del modelo —ejes y dimensiones— así como los elementos de retroalimentación
—palancas— que permiten que el modelo se valga de las propiedades de un sistema

para alcanzar el desarrollo del país; finalmente se expone la interacción de todos estos elementos, así como el funcionamiento del modelo en su conjunto.

III.1 La importancia del modelo

A una década del comienzo del siglo XXI, el país se debate en elegir el camino que permitirá garantizar el presente y asegurar el futuro de los mexicanos. Dentro de estas reflexiones, algunas voces incluso han comenzado a cuestionar el valor de la democracia para promover el desarrollo, cuando en realidad el problema radica en la falta de voluntad de algunos actores para dejar atrás prácticas e intereses, que en nombre de la democracia, limitan e impiden acuerdos necesarios para garantizar un desarrollo integral e incluyente. Mientras esto sucede en México, las naciones desarrolladas siguen avanzando y algunos países en desarrollo se proyectan como los nuevos líderes del crecimiento mundial: China, India y Brasil son algunos de los casos.

Esto sugiere que sólo a través de una participación activa, informada y coordinada de todos los actores de la sociedad, será posible transformar el estado actual de las cosas en un escenario propicio para impulsar el desarrollo nacional. México requiere de una propuesta de desarrollo capaz de ofrecer un marco adecuado para la construcción de políticas públicas desde todas las esferas gubernamentales, los sectores de la sociedad y las distintas áreas del conocimiento, de forma longitudinal.

Dada la importancia de generar un modelo de desarrollo humano sustentable, esta obra ofrece los fundamentos teórico-metodológicos para la elaboración de políticas públicas, así como una visión y un enfoque adecuados para percibir a México como un sistema. En este sentido, el modelo plantea una serie de ventajas que reafirman su compromiso con el desarrollo nacional, entre las que destacan: *1) la centralidad de la persona en el proceso de desarrollo; 2) el énfasis en la visión de largo plazo, 3) un desarrollo desde lo local, y 4) una revaloración del papel de los actores públicos.*

Además de estos beneficios y la perfectibilidad que le brindan sus características como sistémico, el modelo para el desarrollo humano sustentable implica una búsqueda incesante de bienestar, gracias al límite indefinido de mejora que caracteriza a la naturaleza humana, la cual siempre buscará extender hacia el largo plazo, niveles más elevados de libertad para la sociedad.

En este sentido, es necesario contemplar acciones efectivas para el corto plazo, pero en el marco de una planeación de largo plazo. Países como Francia, España, Japón, China y Brasil, por nombrar algunos, cuentan con planes a 10, 15 o hasta 50 años, en los que están previstas las revisiones y redefiniciones necesarias; además de que todos los planes están divididos en sectores de alcance estratégico para el país.[1] En México también se han realizado proyectos de largo plazo tales como la Visión México 2030 de la administración federal, que ofrece soluciones a las necesidades básicas y prioritarias de las personas, sin perder de vista las eventualidades que pudieran surgir en el presente y en el futuro. Esta visión está diseñada para perdurar durante múltiples periodos de gobierno sin importar las tendencias ideológicas. Sin embargo, a pesar de plantear objetivos claros y bien definidos, esta propuesta es una iniciativa unilateral sin el consenso del resto de los partidos políticos, por lo que corre un alto riesgo de no prevalecer a lo largo del tiempo, además de no ofrecer un método de aplicación.

Como se mencionó previamente, el modelo sistémico para el desarrollo humano sustentable, debe tener presente la necesidad de contar con ciertas condiciones que conformen una base sólida a partir de la cual se pueda acceder adecuadamente al desarrollo, con los medios que faciliten y enriquezcan el proceso y con los fines que servirán de brújula para mantener la certeza del objetivo perseguido.

Figura III.1 El desarrollo humano sustentable

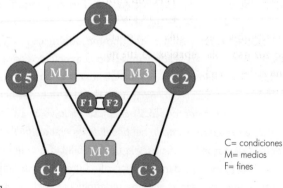

C= condiciones
M= medios
F= fines

Fuente: Elaboración propia.

[1] Barranco, Alberto, "¿Y el largo plazo?", El Universal, 21 de mayo de 2007, México, p. B5.

La figura III.1 muestra la composición del desarrollo humano sustentable, el cual se obtiene cuando sus elementos se unen y conforman un núcleo que no puede ser corrompido por la discrecionalidad o los intereses aislados, aludiendo a un clima de concordia y democracia que debe prevalecer en el país; así el establecimiento de las condiciones, el funcionamiento de los medios y el logro de los fines, son el resultado de un complejo proceso sistémico de generación de políticas públicas.

La presente sección se limita a defender la hipótesis de su necesidad del modelo en México. Por ello, el documento se concreta a indicar que las condiciones, medios y fines son perfectibles en todo momento y que el desarrollo humano sustentable no es un estado de las cosas, sino un concepto dinámico de la sociedad que se encuentra en un proceso de mejora constante.

De acuerdo con la figura III.1, las condiciones de *1)* equidad; *2)* seguridad; *3)* reconocimiento y protección de los derechos humanos; *4)* reconocimiento de la persona como agente de cambio en el proceso de desarrollo; y *5)* erradicación de la discriminación; sirven como base y protección del resto de los elementos, por lo que deben garantizarse, al menos en cierto grado, para posteriormente perfeccionarse de manera gradual.

Por citar un ejemplo, la *equidad* de género, es una condición que está incluida en el marco legal de México, pero que no necesariamente se cumple totalmente. En este caso, el desarrollo humano sustentable busca que dicha equidad se amplíe a todas las esferas de la vida social, económica y política de México. Para ello, es necesario crear políticas públicas específicas que fortalezcan la equidad de género. Esto no implica que con esta política el tema de la inequidad vaya a agotarse o solucionarse; por el contrario, se requerirá de un proceso continuo de mejoramiento y retroalimentación tendiente al desarrollo humano sustentable.

Del mismo modo, las condiciones constituyen la plataforma sobre la que se forjan los medios: *1)* competitividad; *2)* productividad; y *3)* cooperación, que al igual que las condiciones, son elementos perfectibles y siempre tendientes a la obtención de los fines del DHS. Para lograr un mejoramiento significativo de los medios, es necesario que se cumplan en algún grado las condiciones sociales, para que sea posible avanzar en temas que se centran en la esfera económica.

Por ejemplo, un primer paso en la búsqueda de una mayor *productividad* en México es la agilización de los procesos para la apertura de empresas. Sin embargo, esto no sería posible de no existir un marco legal que garantice condiciones como el respeto a la propiedad privada, la equidad en las oportunidades para emprender un negocio o la seguridad de un sistema financiero estable al momento de llevar a cabo transacciones con alguna contraparte en el exterior del país. Una vez garantizadas dichas condiciones, es necesario, entre otras cosas, modificar la legislación, abrir camino a una serie de incentivos fiscales y tasas preferenciales en los créditos productivos, así como promover una cultura empresarial a través de cursos de liderazgo empresarial, de capacitación, o de la difusión de programas públicos o privados orientados hacia estos temas. Este proceso, cuyo objetivo consiste en elevar la posición de México en materia de productividad, es gradual y perfectible en todo momento.

Por su parte, los fines del modelo, *Libertad* y *Sustentabilidad*, son los elementos que se ubican al centro del la figura III.1 y son protegidos por los medios y las condiciones; éstos sólo se alcanzan, al igual que los otros elementos, de manera gradual.

El concepto de *libertad* es tan amplio que difícilmente se logrará alcanzar de manera plena en un primer momento; sin embargo, la riqueza conceptual del modelo sistémico radica en que dicha libertad se retroalimentará constantemente, trayendo en cada etapa de su desarrollo mayores beneficios para la sociedad. Amartya Sen centra su atención en demostrar que las libertades, además de ser el objetivo final del desarrollo, también representan los medios más eficientes para conseguirlo; argumenta que a pesar de que pareciera que la libertad de participación política o el acceso a la educación no forman parte del Producto Nacional Bruto (PNB), es indudable que un pueblo educado puede tener mayor acceso a riqueza y bienestar.[2] Otro sólido argumento sobre la libertad como medio y fin del desarrollo se observa cuando Sen indica que ningún país democrático ha sufrido hambrunas y que esto se debe a la existencia de la libertad política de los ciudadanos, la cual se puede resolver fácilmente en un cambio de gobierno si el actual no satisface las expectativas de la sociedad.[3]

Por lo tanto, el desarrollo humano sustentable no es una simple idea que se plantea como solución a la problemática nacional; por el contrario, es una construcción sólida que cuenta con algunos años en el ámbito académico internacional y su evolución

[2] Sen, Amartya, 1999, *op. cit.,* p. 15.
[3] *Ibidem,* p. 36.

hacia estados más concretos y sofisticados no puede ser concebida sin el trabajo de múltiples colaboradores. Como lo argumenta Schumpeter, "El análisis científico es una lucha incesantemente mantenida contra nuestras propias creaciones mentales y contra las de nuestros predecesores, de tal forma que progresa, si es que efectivamente lo hace, de manera zigzagueante".[4]

Por este motivo es necesario buscar las condiciones, medios y fines del desarrollo humano sustentable propuestos en esta obra, a través de una metodología sistémica que contribuya con acciones de corto, mediano y largo plazo para el logro de los objetivos de bienestar de la sociedad, en términos económicos políticos, medioambientales, científico-tecnológicos y culturales, entre otros. Para la concepción del desarrollo humano sustentable desde esta perspectiva, se ha partido de la experiencia obtenida en el trabajo colectivo con académicos, de la participación en organismos internacionales y en distintos niveles de gobierno, además de la profunda preocupación por hacer de este país una nación con proyectos concretos que permitan un desarrollo integral.

En este sentido, el modelo para el desarrollo humano sustentable en México, busca promover la responsabilidad de la construcción de un futuro común, a través de la participación ciudadana, del fortalecimiento de la convivencia social y del fomento al principio de centralidad de la persona en la sociedad.

Con la finalidad de obtener mayor claridad sobre el rumbo de desarrollo que hasta ahora ha seguido México y la nueva etapa que debe iniciar en la búsqueda del desarrollo humano sustentable, las siguientes secciones exponen los componentes y el funcionamiento del modelo sistémico para el desarrollo humano sustentable en México, bajo la premisa de que el proyecto es perfectible y modificable de acuerdo a las necesidades de cada región donde se pretende aplicar.

III.2 Componentes operativos y de retroalimentación

La búsqueda continua por consolidar el desarrollo y el pleno bienestar de la sociedad es el principio que guía y caracteriza el funcionamiento del presente modelo de desarrollo. Este principio se encuentra materializado en las condiciones, medios y fines del desa-

---

[4] Schumpeter, Joseph A., *Historia del Análisis Económico*, Ariel, Barcelona, 1982.

rrollo humano sustentable, los cuales son alcanzados por medio de los componentes operativos y de retroalimentación expuestos en la presente sección. Estos componentes operativos y de retroalimentación permiten la implementación del modelo y el mejoramiento continuo del desarrollo, con el propósito de que, tras las etapas de análisis, política y modelación, sea posible actuar sobre áreas específicas del país, a través de políticas públicas que se presentan en la etapa de implementación.

La etapa de implementación cuenta con dos grupos distintos de componentes operativos denominados ejes y dimensiones. Así, en primer término se definen los ejes del modelo y su funcionamiento —articulados a través de las dimensiones—. Los tres ejes del modelo se encuentran compuestos por los conceptos de 1) seguridad pública y justicia, 2) crecimiento económico y 3) desarrollo humano, que como se verá más adelante, constituyen grandes temas de atención en la agenda pública. Posteriormente se definen las siete dimensiones: 1) capital humano, 2) sustentabilidad ambiental, 3) empleo, 4) infraestructura, 5) innovación, 6) normalidad democrática, y 7) seguridad y respeto,, las cuales representan los espacios estratégicos donde recaen las políticas públicas tras haber sido incluidas en el funcionamiento de alguno de los ejes.

Tras el proceso de implementación, será necesario contar con ciertas variables que aseguren el continuo perfeccionamiento del modelo y que le permitan cumplir con sus objetivos de involucrar activamente a la sociedad y de propiciar niveles más elevados de bienestar. Este perfeccionamiento se lleva a cabo a través de las palancas del modelo, encarnadas por la educación, el estado de derecho y la participación ciudadana, las cuales permiten fortalecer el proceso del desarrollo humano sustentable, maximizando los beneficios del desarrollo entre la sociedad y extendiéndolos hacia las futuras generaciones.

A continuación se definen estos grupos de componentes y la forma en que integran el modelo, para posteriormente describir paso a paso su funcionamiento e importancia en la búsqueda del desarrollo humano sustentable.

Los ejes del modelo

En este modelo los ejes son definidos como grandes temas nacionales que alimentan dimensiones específicas y garantizan el funcionamiento adecuado de los subsistemas;

representan la esencia del desarrollo humano sustentable debido a que cada uno de ellos es proyectado en el corto, mediano y largo plazo por medio de metas y planes de acción. Estos ejes son articulados mediante la acción política, es decir, mediante el consenso de acuerdos y negociaciones entre los sectores público, privado y la sociedad civil. Así, los ejes del modelo representan las áreas estratégicas para promover el desarrollo humano sustentable en México, debido a que engloban los principales retos que el país se propone abatir en los ámbitos político, económico y social.

A causa de los fenómenos prevalecientes en México durante los últimos años, se han elegido como ejes los temas de seguridad pública y justicia, crecimiento económico y desarrollo humano, sin embrago, estos elementos dependen del momento histórico de la sociedad, por lo que en distintas latitudes, pueden definirse distintos temas como los ejes del modelo.

Con relación al eje de seguridad pública y justicia, el libro centra su atención en la promoción de un esquema legislativo y judicial que actúe en favor del Estado de derecho y fortalezca la democracia, al abatir prácticas irregulares como la impunidad, la corrupción y el crimen organizado. A través de estrategias que, lejos de centrarse en el combate frontal a la violencia, se encuentren orientadas a la prevención, al fortalecimiento del tejido social y el uso de la planeación sistémica para combatir la inseguridad pública desde distintos ángulos, este eje busca desarticular las actividades que atentan contra la seguridad de México. Con respecto al eje de *crecimiento económico*, el énfasis del libro se sitúa en la reactivación del mercado interno, la diversificación de los mercados externos y en la centralidad de la persona en los procesos productivos. Finalmente, en el eje del *desarrollo humano*, el fortalecimiento del capital social a través de la familia y las instituciones sociales, se constituye como el elemento fundamental para motivar una mayor convivencia y cohesión social entre los mexicanos.

Los ejes del modelo contemplan la idea de formular reformas estructurales en todos los sectores y niveles de gobierno para consolidar el proyecto integral de corto, mediano y largo plazo para el desarrollo humano sustentable en México. Este proyecto favorecerá todos los ámbitos de la vida nacional, la sustentabilidad, el crecimiento económico y la gobernabilidad.

Figura III.2 Ejes para el desarrollo humano sustentable

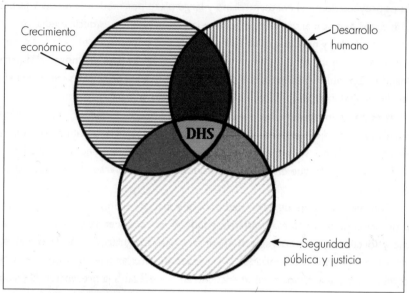

Fuente: Elaboración propia.

A lo largo de los siguientes apartados se realiza un análisis detallado de los tres ejes y su interrelación, profundizando en las metas que cada una de ellos posee y en los planes de acción encaminados a consolidarlas.

Seguridad pública y justicia

En México, el crimen organizado ha mermado los niveles de tranquilidad y seguridad entre la ciudadanía y por tanto ha afectado su calidad de vida. Dada la complejidad de esta y otras problemáticas experimentadas en el país, resulta necesario contar con acciones y estrategias transversales que abarquen aspectos financieros, económicos, comerciales, educativos, policiales y sociales, que comprometan a todos los niveles de gobierno y a los sectores de la sociedad. En este sentido, resulta fundamental asegurar un frente común que promueva el valor de la libertad, la defensa de la democracia, el pleno respeto a los derechos humanos y el cumplimiento de la ley.

El eje de *seguridad pública y justicia* se enfoca en impulsar una transformación político-jurídica para el fortalecimiento del Estado de derecho, mediante el estricto apego a la legalidad y la correcta aplicación de la justicia, definida como el principal elemento de organización de la sociedad, que permite la convivencia de los ciudadanos y que debe ser procurada y normada por el Estado. La justicia, como componente esencial del buen funcionamiento de una comunidad, representa la piedra angular de este eje, al proveer a los ciudadanos de seguridad, confianza y certidumbre, generando con ello prosperidad y una mejor calidad de vida. Por este motivo, exigir a los ciudadanos y a las autoridades un total apego al Estado de derecho reditúa, sin lugar a dudas, en una sociedad más armoniosa, próspera y segura.

Es necesario lograr que la sociedad vuelva a confiar en sus gobiernos, los cuales son percibidos por los ciudadanos como "pesados aparatos burocráticos, negligentes y corruptos" de acuerdo con La Encuesta Nacional sobre Malestar Social realizada por la Facultad Latinoamericana de Ciencias Sociales (FLACSO). La encuesta arroja datos significativos sobre la percepción de la ciudadanía en cuanto a la ineficiencia en la procuración e impartición de justicia: el 72% de los ciudadanos creen que el gobierno no los ha apoyado en nada; el 51% de las personas opina que los recursos públicos se reparten entre los poderosos; el 25 por ciento está de acuerdo en tomar la justicia por su propia mano, mientras que el 33% opina que no debe obedecer la ley si ésta es injusta; y uno de los datos más reveladores es que el 90% opina que las autoridades acostumbran violar la ley.[5]

Estas cifras evidencian un claro deterioro de la imagen de los gobernantes, lo cual no carece de lógica, pues el Estado de derecho y la impartición de justicia se han visto rebasados por la corrupción, el narcotráfico, la inseguridad, la inoperancia política y la impunidad, entre otras problemáticas, que en los últimos años se han intensificado. Estas agravantes representan un claro obstáculo para la gobernabilidad, por lo que resulta fundamental re-

---

[5] Esta encuesta se realizó como parte de un estudio conjunto entre académicos de la UNAM y la FLACSO llamado "Modernización y malestar social en México". Este estudio parte conceptualmente de dos categorías, la seguridad humana y el malestar con las instituciones; y los problemas de gobernabilidad.

doblar los esfuerzos dirigidos a transparentar las actividades de los gobiernos, promover el buen manejo de los recursos públicos, delinear y aplicar estrategias integrales contra el crimen organizado, impulsar la participación ciudadana y exigir un comportamiento adecuado por parte de los funcionarios públicos de todos los niveles de gobierno.

Al asegurar un clima de seguridad y de justicia entre la ciudadanía, por medio del pleno apego al Estado de derecho y de políticas públicas que incentiven la participación ciudadana, combatan la delincuencia en todos sus niveles y eliminen la corrupción, este eje del modelo garantizará que los esfuerzos por mejorar la calidad de vida de las personas desde los ámbitos económico y social, encuentren los resultados necesarios para traducirse en un bienestar real para la población.

Las políticas públicas que influyen en el eje de la seguridad pública y justicia deberán estar orientadas a elevar los índices de seguridad humana, promover la adecuada impartición de justicia y distribución del ingreso, fortalecer las instituciones, eliminar la impunidad policiaca y la corrupción pública, garantizar una competencia económica que impulse el potencial de los mexicanos, desarticular las células de crimen organizado y erradicar los mercados ilícitos, así como en generar una mayor participación de las personas para procurar su propio bienestar a través de la asociación, la denuncia y la cooperación entre los pueblos y comunidades.

Crecimiento económico

La importancia del crecimiento económico como un eje para alcanzar el bienestar social, más que como la finalidad de toda actividad humana, permite replantear la forma en que los sectores público, privado y social, deben influir en la obtención del desarrollo. Mientras que algunos países en desarrollo han orientado sus esfuerzos hacia el crecimiento económico mediante la apertura comercial y la privatización, su población ha sufrido, en mayor o menor medida, consecuencias como la inequidad en la repartición de los beneficios, la disminución en su poder adquisitivo y el desempleo, entre otras, a causa de estos procesos de crecimiento carentes de orden y planeación. En este sentido, resulta impostergable reorientar la política de crecimiento hacia una visión más incluyente y equitativa que adicionalmente promueva la responsabilidad social entre los sectores más favorecidos por el crecimiento económico.

Durante las últimas décadas, la concepción de crecimiento que ha predominado en el mundo occidental, se encuentra basada en un modelo económico fundamentado en la apertura comercial, la desregulación, el adelgazamiento del Estado, la privatización y el incremento de la competencia interna, aspectos que en la mayoría de las ocasiones fueron aceptados sin contemplar las características políticas y sociales de los países que lo implementaron.

Dicho modelo ha sido criticado por su falta de sensibilidad respecto a problemas como la pobreza, el nacimiento de mercados informales, la desigualdad social, la escasez de servicios educativos y de salud, así como la devastación ambiental. Por este motivo, el Banco Mundial ha desarrollado un diagnóstico que explica lo que sucede con las personas que habitan naciones en desarrollo inmersas en procesos económicos ceñidos a ese modelo. Cuanto más pobre es una persona, menos recursos tiene para planificar su futuro y ahorrar. La misma lógica se aplica a las empresas y gobiernos. Por ello, en los países pobres, donde la mayor parte del ingreso se gasta en satisfacer las necesidades del momento, la escasez de ahorro constituye un obstáculo para la inversión interna tanto en capital físico como humano. Así, con la carencia de nuevas inversiones, la productividad de la economía no puede mejorar y, como consecuencia, los ingresos de las personas tampoco pueden elevarse, impidiendo con ello un desarrollo en el resto de los aspectos de la vida de la sociedad.[6]

Este círculo vicioso que se aprecia en la figura III.3, puede romperse por medio de un crecimiento económico en el que participen todos los sectores de la sociedad, a fin de fortalecer el mercado interno y diversificar el comercio exterior. Cuando el proceso de crecimiento es abanderado por los empresarios y los ciudadanos, el gobierno adquiere un mayor margen de participación en el crecimiento económico, pues la recaudación que financia el gasto público, favorece a los sectores más desprotegidos del país; asimismo, mediante una recaudación adecuada, se eleva la productividad al fomentar la creación de empresas y negocios. Por este motivo, el modelo sistémico para el desarrollo humano sustentable en México contempla un crecimiento económico vinculado al desarrollo humano.

[6] Banco Mundial, *Más allá del crecimiento económico*, The World Bank Group, Washington DC, disponible en http://www.worldbank.org/depweb/spanish/beyond/beg-sp.html (última visita, mayo de 2011).

FIGURA III.3 El círculo vicioso de la pobreza

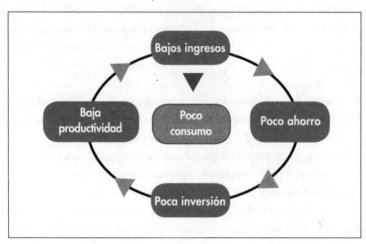

Fuente: Banco Mundial.

El crecimiento económico permite el desarrollo humano sustentable a través de un suministro de recursos capaz de elevar el nivel de vida, puesto que "el desarrollo es el objetivo central de la actividad humana, mientras que el crecimiento económico es un medio que podría llegar a ser muy importante para proveerlo".[7]

Un desarrollo humano sustentable vinculado al crecimiento económico como eje de apoyo, permite que las personas desarrollen sus capacidades, alcancen sus objetivos y accedan a mejores condiciones de vida de manera sustentable. En la medida en que los ingresos de las personas se incrementan, éstas podrán alcanzar mayores niveles de satisfacción, generando una espiral ascendente que finalmente confluirá en un estado de desarrollo integral en la sociedad.

Dicha espiral ascendente debe fundarse en la reactivación del mercado interno desde las economías locales, puesto que de acuerdo con la CEPAL, una "competitividad

[7] Ranis, Gustav y Frances Stewart, "Crecimiento económico y desarrollo humano en América Latina", *Revista de la CEPAL*, núm. 78, diciembre 2002, Chile, p. 9.

sistémica sin integración social, es un proyecto sin perspectivas".[8] Esta integración implica que las regiones económicas trabajen como un sistema, generando economías de escala y círculos virtuosos de crecimiento económico y desarrollo humano.

Con la finalidad de conformar un desarrollo económico sustentable, este modelo promueve la creación de estrategias formuladas de acuerdo a las capacidades y ventajas de cada municipio, que les permitan maximizar sus beneficios y reducir la desigualdad social. Además de buscar que dicha maximización se combine e integre con las maximizaciones de otras regiones.

Finalmente, es preciso destacar la gran importancia que tiene una adecuada combinación entre el cuidado de los indicadores macroeconómicos y la atención a los temas sociales y humanos, pues a pesar de centrar su atención en la persona, ningún modelo de desarrollo debe pasar por alto el orden de la economía, ya que ésta es la esfera que en última instancia, brinda credibilidad a cualquier país para que las inversiones productivas fluyan y para recibir el apoyo internacional necesario para su desarrollo.

Así, una economía que favorezca el desarrollo de la persona y que a su vez genere la certidumbre necesaria para atraer inversiones nacionales e internacionales, gracias a su estabilidad y fortaleza institucional, será capaz de fortalecer su mercado interno, de incentivar el empleo y el crecimiento, así como de garantizar un ensanchamiento gradual de la clase media y, por tanto, la disminución de la brecha de ingresos.

Desarrollo humano

El desarrollo integral de la persona implica un incremento en sus niveles de bienestar y de realización personal, por lo que el esfuerzo conjunto de los sectores público, privado y la sociedad civil, debe estar orientado a mejorar la convivencia en sociedad a partir de la familia y a la creación de redes sociales que permitan a las personas elevar su capital social y disfrutar de las oportunidades de desarrollo en los ámbitos educativo, laboral y recreativo. Para esto, es importante contar con un entramado institucional que promueva una convivencia en sociedad basada en los valores del respeto y solidaridad.

---

[8] Comisión Económica para América Latina y el Caribe (CEPAL), *Descentralización y desarrollo económico local: una visión general del caso de México*, CEPAL, Santiago de Chile, 2002, p. 7.

Así, el desarrollo humano se constituye como un eje del modelo, al considerar que el bienestar de la persona está relacionado positivamente con la generación de un sólido capital social, a través de un adecuado sistema de educación y del fortalecimiento de las redes sociales.

Pierre Bourdieu define al capital social como la suma de los recursos, reales o virtuales, acumulados por un individuo o grupo, en virtud de poseer una red duradera de relaciones más o menos institucionalizadas de conocimiento y reconocimiento mutuo.[9] De esta manera, la necesidad de asociación de las personas, las estrategias de convivencia y los lazos sociales que se construyen a lo largo de la vida, brindan las herramientas y los conocimientos necesarios para cubrir sus expectativas y trazar el camino de su propio desarrollo, siempre que dichas relaciones sociales estén fundamentadas en la confianza y el compromiso, así como en la seguridad y la reciprocidad.

En este sentido, la Encuesta Nacional sobre Capital Social en el Medio Urbano, México 2006, realizada por la SEDESOL y el PNUD, demuestra que el capital social es un sistema de protección que tiene efectos positivos sobre la economía de las personas, la participación ciudadana y la responsabilidad social, es decir, sobre el desarrollo. Algunos resultados interesantes que reporta dicha encuesta son los siguientes: el 48.5 por ciento de la población opina que la gente ayuda menos que hace un año y el 42 por ciento opina que esto se debe a una mala situación económica. Otro indicador, indica la falta de concordia entre los mexicanos al mostrar que el 25.1 por ciento de los encuestados no participa en organizaciones porque no son invitados y el 18 por ciento porque en "las organizaciones nunca se cumplen las promesas".

En dicha encuesta, también se evidencia el alto grado de segregación entre los mexicanos, al arrojar que el 26.7 por ciento de los encuestados no se siente identificado con los habitantes de su localidad por su nivel educativo y el 1.5 por ciento por el origen étnico de sus vecinos. En general, los vecinos se organizan sólo cuando sus intereses se verán atendidos; 29.1 por ciento se reúne para resolver asuntos de servicios públicos como electricidad y agua potable, sin embargo, sólo 2.2 por ciento se organiza para resolver algún problema de educación y 5.6 por ciento para atender problemas de

---

[9] Bourdieu, Pierre, "The Forms of Capital", en John Richardson (ed.), *Handbook of Theory and Research for the Sociology of Education,* Nueva York, 1986.

contaminación y medio ambiente. Un dato contundente es que el 53 por ciento de los encuestados piensa que la gente no colabora para resolver necesidades en su localidad porque "a cada quien le interesan sus problemas".

Según el sondeo, el 30.8 por ciento piensa que casi nunca se respeta el derecho a tener un trabajo bien remunerado y el 20.4 por ciento opina que nunca; el 50.6 por ciento está en desacuerdo con la frase "en México la ley protege a todos por igual" y el 33.2 por ciento cree que cuando se tiene la razón, está bien ir en contra de la ley.[10] Finalmente, de acuerdo a la encuesta, la mayoría de los mexicanos recurren en primera instancia a su familia para pedir un préstamo, solicitar ayuda con el cuidado de sus hijos o de un familiar enfermo, así como ayuda para realizar un trámite, lo que evidencia la importancia de la familia en la sociedad mexicana.

Los resultados arrojados por la encuesta reflejan que la debilidad del tejido social en México genera incertidumbre, desconfianza e inseguridad en el ámbito laboral, educativo y en general en la vida cotidiana de las personas, lo que a su vez se refleja en una mayor inequidad, un deterioro de la seguridad pública y una disminución en el ritmo de crecimiento de la economía. Por este motivo, resulta urgente fortalecer las redes sociales actuales y crear nuevas redes ciudadanas capaces de fomentar políticas públicas que permitan conectar a los distintos sectores de la sociedad, para que basados en la concordia y en la responsabilidad social, sea posible abrir paso a mayores oportunidades de desarrollo para una mejor calidad de vida.

La promoción de la cohesión social y el fortalecimiento del capital social deben darse a partir de la familia, y posteriormente extenderse hacia la comunidad y el municipio, ya que desde estos ámbitos resultará más sencillo reconstruir las bases de la estructura social y recuperar los espacios perdidos frente a problemas sociales como la violencia y las adicciones. En este sentido, resulta vital reconocer que las diferencias regionales provienen de factores económicos, políticos e institucionales, por lo que es necesario profundizar en las particularidades del desarrollo humano, en los elementos que lo explican y en las posibilidades de acción pública y social desde la esfera local.[11]

[10] Programa de las Naciones Unidas para el Desarrollo (PNUD), *Encuesta Nacional sobre Capital Social en el Medio Urbano México 2006*, PNUD Y SEDESOL, México, 2007.

[11] Programa de las Naciones Unidas para el Desarrollo (PNUD), *Informe sobre Desarrollo Humano: México 2004*, PNUD, México, 2005, p. 47.

Las redes sociales que se tejen desde el ámbito local a partir del sentido de pertenencia a una comunidad, generan por sí mismas una mayor seguridad entre las personas, puesto que dichas personas se sienten arropadas por diversas redes de apoyo y protección, pero sobre todo debido a que las personas que las integran se reconocen como poseedoras de ciertos elementos culturales que las representan y unifican, tales como las costumbres, tradiciones, valores, creencias y normas de comportamiento. Esto construye la idea del *nosotros* como trabajo colectivo hacia la consolidación de un mejor país, dejando a un lado los intereses individualistas y dando lugar a los actos de solidaridad, responsabilidad social y participación ciudadana. Por este motivo, resulta fundamental que las políticas públicas en materia social sean orientadas a través de este eje del desarrollo humano sustentable.

El desarrollo humano se presenta como la solución ante la ruptura y el desgarramiento de las redes sociales de nuestro país al ofrecer, como un eje del modelo, la consolidación del capital social desde la familia y la comunidad, favoreciendo la generación de oportunidades para la participación ciudadana y la acción democrática, además de promover un crecimiento económico integral que permita mitigar la incertidumbre y la apatía entre la población.

La interacción de los ejes del desarrollo humano sustentable

El modelo sistémico busca consolidar un mayor desarrollo humano sustentable a través del avance de los tres ejes del desarrollo, que constituyen los temas que deberían orientar las agendas municipales y estatales, así como la agenda nacional desde esta perspectiva. A su vez, las áreas en las que interactúan estos ejes, también cuentan con una gran relevancia. Los binomios de la figura III.4: *a)* crecimiento económico-seguridad pública y justicia, *b)* desarrollo humano-crecimiento económico, y *c)* seguridad pública y justicia-desarrollo humano, son parte importante en la aplicación de políticas públicas, debido a su grado de influencia en el desarrollo nacional.

La intersección entre los ejes de desarrollo humano-crecimiento económico da lugar a la política social del país y sobre ella recaen algunas de las dimensiones del desarrollo, la intersección entre los ejes crecimiento económico-seguridad pública y justicia origina la política regulatoria en donde se plantean los proyectos que requieren inversión y se obtienen los recursos necesarios para la aplicación de políticas públicas sectoriales. Finalmente, la intersección de los ejes desarrollo humano-seguridad pública y justicia, da lugar a la política gubernamental en materia de derechos humanos, que surgen de una legislación justa y un reconocimiento de la persona como motor, receptor y administrador de los avances en su proceso de desarrollo.[12]

Figura III.4 La interacción de los Ejes del desarrollo humano sustentable

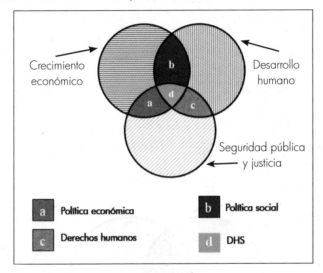

Fuente: Elaboración propia.

La figura III.4 muestra las áreas de interacción de los ejes del desarrollo humano sustentable, cuyo alcance estará determinado por la creatividad, liderazgo y capacidad de los ciudadanos y los creadores de políticas públicas en el sistema, para plantear propuestas de solución y para recurrir a los especialistas necesarios para la planeación y aplicación del modelo.

[12] Las intersecciones son conceptos independientes que se forman a partir de los elementos de los ejes que los componen. En México, las políticas económica, social y gubernamental en materia de derechos humanos, son impulsadas en todos los casos, por múltiples instituciones y dependencias.

Las dimensiones del modelo

Las dimensiones son los espacios estratégicos de implementación de políticas públicas, que se posicionan al interior de los ejes para articular las acciones necesarias y detonar el desarrollo humano sustentable. El modelo cuenta con siete dimensiones que, al igual que los ejes, deben relacionarse entre sí a través de la acción política. Las dimensiones son instrumentos sobre los que se ponen en marcha políticas públicas, ya que representan sectores específicos en los que deben ser invertidos recursos y esfuerzos de los gobiernos municipales, estatales y federal, así como la iniciativa privada y el sector social. Las dimensiones pueden incidir en cualquiera de los ejes, dependiendo de las prioridades y necesidades de cada uno de los subsistemas municipales o estatales, e incluso pueden participar en las áreas de intersección de los ejes si las políticas son requeridas en estas zonas del modelo. La figura III.5 muestra un ejemplo de la forma en que las dimensiones pueden ser distribuidas entre los ejes, de acuerdo a las necesidades prevalecientes en determinado territorio o población.

Figura III.5 *Dimensiones para el desarrollo humano sustentable*

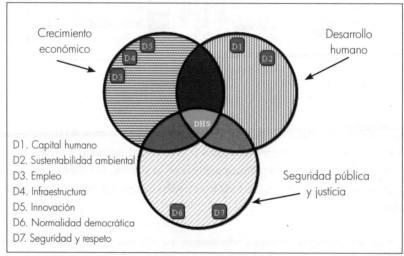

Crecimiento económico

Desarrollo humano

D5 · D4 · D3 · D1 · D2

DHS

D6 · D7

Seguridad pública y justicia

D1. Capital humano
D2. Sustentabilidad ambiental
D3. Empleo
D4. Infraestructura
D5. Innovación
D6. Normalidad democrática
D7. Seguridad y respeto

Fuente: Elaboración propia.

Así como las dimensiones del modelo para el desarrollo rural mostradas en el capítulo segundo, son examinadas por medio de una serie de categorías de análisis; las dimensiones para el desarrollo humano sustentable, además de ubicarse en los ejes del desarrollo, también son revisadas a través de una matriz similar a la que se muestra en la figura III.6. La matriz permite hacer un balance sobre el escenario actual y las tendencias futuras en cada una de las dimensiones y la forma en que impactan en el desarrollo de la región con la finalidad de perfilar políticas públicas específicas para cada localidad.

Figura III.6 Matriz de evaluación para el desarrollo humano sustentable

Dimensiones						
1. Capital humano						
2. Sustentabilidad ambiental						
3. Empleo						
4. Infraestructura						
5. Innovación						
6. Normalidad democrática						
7. Seguridad y respeto						
Categorías de análisis	1. Diagnóstico y distribución regional	2. Tendencias futuras	3. Impacto y relevancia	4. Calidad de información	5. Políticas públicas y administración	6. Implementación e inversión

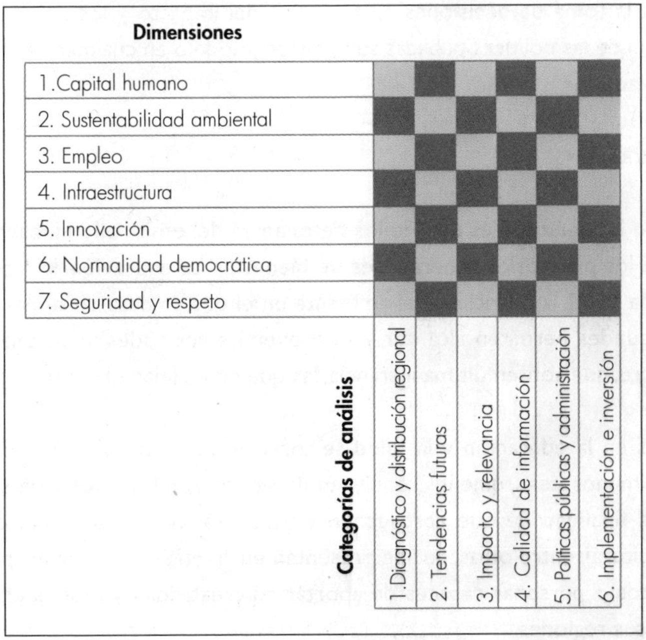

Fuente: Elaboración propia, con base en el modelo de IIASA.

Para la puesta en marcha del modelo es necesario obtener información estadística que cubra detalladamente las dimensiones en cada localidad donde el modelo sea implementado. Además se requiere de un diagnóstico y de un análisis sobre las tendencias de los bienes y servicios que representan ventajas comparativas reales o potenciales, con el fin de comenzar la aplicación del modelo desde los municipios. Con estos datos, los habitantes de cada municipio podrán identificar las debilidades y amenazas de su entorno geográfico, así como las fortalezas y las oportunidades que deben aprovechar.

Con la finalidad de exponer claramente la forma en que funciona el modelo del desarrollo humano sustentable, a continuación se describen conceptualmente *las dimensiones del modelo* y su forma de operar, así como algunos ámbitos en los que pueden aplicarse políticas públicas dentro de cada una de ellas. Para esto último es necesario realizar un diagnóstico y un análisis estadístico que permita contar con información relevante para la toma de decisiones en términos del impacto y los resultados de la implementación de las políticas públicas surgidas del modelo en cualquier localidad que éste sea empleado.

Capital humano

La inversión en las personas es uno de los detonantes del desarrollo humano, además de ser uno de los principales generadores de bienestar. La educación, la capacitación, la recreación, la salud, la nutrición y el ambiente en el que se desarrollan las personas son factores que les permiten alcanzar y mantener las libertades mencionadas en el capítulo primero, que son, en última instancia, las que consolidan el desarrollo humano sustentable.

El énfasis en la educación y la salud se torna prioritario, sobre todo entre los mexicanos de menor edad, quienes requieren de servicios educativos y de salud adecuados, con la finalidad de que aprovechen de manera óptima la oferta deportiva, recreativa y cultural, entre otras, que se presentan en su entorno y que les permitirán consolidarse como personas capaces de aportar su creatividad y deseos en favor de desarrollo de sus regiones.

Para los jóvenes es necesaria una educación acorde a las exigencias internacionales del mercado laboral y una especialización en ramas prioritarias para el crecimiento económico. Asimismo, es esencial que desarrollen criterios propios y fundamentados, que les permitan optar por las áreas que satisfagan sus necesidades y convicciones. Además es fundamental que el mercado laboral permita el ingreso a todos los jóvenes que terminen sus estudios para mantener viva su motivación y empeño por una mejor preparación.

Finalmente, la especialización constituye un medio para la maximización de los beneficios entre las personas que conforman la fuerza productiva;[13] con la práctica de este modelo se pretende hacer énfasis en el apoyo a las mujeres y varones que en muchas ocasiones no pueden desarrollar sus capacidades al máximo debido a que deben distribuir su tiempo y sus fuerzas entre distintas actividades relacionadas con el hogar. La importancia de invertir en el bienestar de niñas y niños, sumada al apoyo que requiere la fuerza laboral para su desarrollo, evidencia la necesidad de trabajar a favor de la apertura de centros de cuidado infantil que permitan a las mujeres y varones desarrollar plenamente sus habilidades en el mercado laboral, sin dejar de lado la atención y formación integral de sus hijos.

Para las personas con dependientes económicos, es fundamental asegurar ingresos suficientes que les permitan satisfacer sus necesidades básicas y las de sus familias, así como garantizar la capacitación continua y la especialización, las cuales alimentan la creatividad y refuerzan el deseo de superación y liderazgo. Con ello, es posible lograr que hombres y mujeres ejerzan plenamente las libertades y la participación ciudadana supuestas por el valor universal de la democracia.

Para solventar estos criterios prioritarios de la nación, es importante enfatizar en el capital humano, el cual busca mejorar la productividad del trabajo y del capital productivo. Como sostiene Lucas, un nivel de esfuerzo constante en la acumulación del capital humano produce un crecimiento sostenido en su tasa de acumulación, independientemente del nivel con el que se cuente al principio del proceso; esto implica que mientras más se capacita a las personas, más productivas se vuelven y aprenden con mayor facilidad.[14]

Como se ha mencionado, los programas que adopte el gobierno deben ir acompañados de un constante seguimiento y supervisión, a fin de que la dimensión *capital humano* se sitúe en una espiral de perfeccionamiento. El punto crucial para el éxito de

---

[13] Becker, Gary, "Human Capital, Effort and Sexual division of Labor", *Journal of Labor Economics*, Vol. 3, Núm. 1, Parte 2: Trends in Women's Work, Education and Family Building, Estados Unidos, 1985, p. S33-S58.

[14] Lucas, Robert E., "On the Mechanics of Economic Development", *Journal of Monetary Economics*, Vol. 22, 1988, Estados Unidos, p. 39.

un programa que pretende desarrollar el capital humano no radica en los recursos que se inviertan en él, sino en su duración y acompañamiento. Si el programa termina antes de que los ciudadanos comiencen a invertir voluntariamente el monto necesario en capital humano, el programa fracasará en el largo plazo. De acuerdo con Strulik "el gobierno debe invertir en capital humano hasta que los ciudadanos tengan la capacidad económica necesaria y la convicción de que la inversión redítúa en frutos para la economía en general y para sus hijos en particular".[15]

Otro importante factor del capital humano consiste en dotar a las personas de niveles adecuados de salud. Los servicios de salud requeridos por la sociedad deben proveer a toda la población de atención inmediata y segura, así como de los servicios de prevención necesarios para el bienestar. Es preciso que el sistema de salud no permita que niñas, niños, mujeres y hombres mueran por causas prevenibles. Además, es necesario despertar en los ciudadanos una cultura de la prevención con la finalidad de que los sistemas de salud únicamente se ocupen de las necesidades que no pueden ser previstas a través de la socialización de sus causas y consecuencias.

Enfermedades como los desórdenes alimenticios o el tabaquismo pueden ser controladas a través de información pertinente y de la consolidación de campañas de prevención sobre sus efectos negativos.

Como se ha mencionado, es necesario que los gobiernos inviertan recursos en la adecuación de una infraestructura capaz de ofrecer acceso a todo tipo de oportunidades a la sociedad; sin embargo, resulta fundamental dar prioridad a los espacios rurales más desprotegidos y carentes de servicios básicos de educación y salud. En este sentido, la migración de la población rural hacia las grandes urbes se convierte en uno de los fenómenos sociales que deben solucionarse con mayor urgencia debido tanto a la caída de la productividad del campo, como al crecimiento desmedido de las manchas urbanas, lo cual provoca escasez de alimentos, insuficiencia de servicios públicos que cubran las necesidades de las grandes urbes, y una enorme propagación de asentamientos irregulares. Por este motivo, es necesario el desarrollo de nodos focales en todas las regiones económicas del país para que la distancia entre las comunidades rurales y el centro ur-

---

[15] Strulik, Holger, "On the Mechanics of Economic Development and non- Development", *Documento de trabajo 9904*, Cambridge University, Reino Unido, p. 17.

bano más cercano sea más corta y menos costosa. Estos proyectos constituyen políticas públicas sistémicas para el desarrollo humano sustentable.

El desarrollo sólo puede separar a las políticas públicas de manera conceptual, ya que al acercar servicios educativos y de salud o extender las vías de comunicación a las comunidades rurales para evitar la migración y fortalecer el campo, evidentemente también se estará invirtiendo en infraestructura para el desarrollo. Por este motivo, el modelo analiza y define a la nación como un sistema, pues al influir positivamente en cualquiera de las dimensiones del modelo, el impacto positivo también tendrá efectos en otros ámbitos y latitudes del sistema.

Sustentabilidad ambiental

Esta dimensión sugiere que para consolidar el desarrollo humano sustentable en México, es necesario que las generaciones actuales cuenten con una profunda conciencia ecológica que se materialice en la adecuada utilización de los recursos ambientales, a fin de que las generaciones futuras tengan acceso a estos mismos recursos.

De acuerdo con Naciones Unidas, la mayor parte del calentamiento global que se ha registrado en la tierra desde 1950, es resultado del crecimiento de los índices de gases de efecto invernadero, por lo que continuar con este deterioro ambiental implica una destrucción gradual del hábitat humano. Desafortunadamente los peores estragos del cambio climático son enfrentados por las personas de menores recursos y por los países con los más pronunciados rezagos de infraestructura. Las comunidades asentadas irregularmente sobre colinas y a la orilla de ríos, tan comunes en nuestro país, son las principales víctimas de la contaminación emitida en las grandes urbes y zonas metropolitanas.[16]

Las áreas ricas en recursos naturales como petróleo, gas natural, madera, agua y minerales pueden y deben posicionarse, desde este enfoque, como las protagonistas de un desarrollo humano sustentable del país. Por ejemplo, el Instituto Nacional de Ecología (INE) subraya que en México, la flora y fauna silvestres tienen usos alimenticios, textiles, medicinales, religiosos y ornamentales, lo cual puede apreciarse en los mercados, en

---

[16] Las tormentas, sequías y heladas impactan con mayor fuerza a los más desprotegidos.

el campo, en los hogares y en los jardines del país.[17] Por tanto, es necesario que toda esa diversidad sea aprovechada de forma óptima y que adicionalmente se encuentre disponible para cualquier generación, presente o futura de mexicanos y que sólo los ciclos evolutivos naturales de la tierra influyan en el cambio climático mundial.

A diferencia de las ciudades, donde la gente vive y trabaja en un ambiente creado por el hombre, las áreas rurales dependen en mayor medida de sus recursos naturales y de un medio ambiente adecuado para actividades como el turismo o la producción de alimentos, recursos silvícolas y energéticos, entre otras, por lo que cualquier medida que se implemente para la promoción del desarrollo debe ser evaluada considerando su impacto ambiental.

En este sentido, la operatividad de los programas y políticas que sean emprendidos desde cualquiera de las dimensiones del desarrollo humano sustentable en México, deben considerar la responsabilidad de desarrollar sus actividades bajo los criterios de sustentabilidad, fundamentalmente cuando existen compromisos internacionales en materia ambiental que se encargan de establecer la guía para la adopción de conductas y mecanismos. Asimismo, existen políticas que se pueden implementar explícita y estrictamente en materia de sustentabilidad ambiental para promover los tres ejes del desarrollo humano sustentable.

Empleo

La obtención de un crecimiento económico sostenido en el largo plazo requiere, de acuerdo con el enfoque clásico de la economía, que las naciones centren su atención en el incremento del ahorro, con la finalidad de elevar la producción mediante la inversión en capital y trabajo. No obstante, ese enfoque ha sido severamente criticado por la supuesta falta de sensibilidad hacia aspectos como la equidad y la inclusión social. En este sentido, existen enfoques que hacen un mayor énfasis en acompañar las estrategias de crecimiento económico con un desarrollo humano que se centre en la educación y la salud de los ciudadanos, así como en el fortalecimiento del capital social y el empleo.

Además, como se apreció en la figura III.3, el impulso al ahorro resulta fundamen-

---

[17] Instituto Nacional de Ecología (INE).

tal para el crecimiento económico, ya que generalmente dicho ahorro se traduce en inversión productiva. La estabilidad y la flexibilidad de la economía, por su parte, también representan factores imperativos para el crecimiento económico, dado que alientan la inversión extranjera y permiten la incubación de nuevas empresas.

Ante este escenario, es importante destacar que una de las alternativas para el crecimiento del empleo en las economías en desarrollo consiste en centrar los esfuerzos de la política económica y social en la promoción del conocimiento y la innovación, así como en elevar la cuota de valor agregado que se aplica a los productos locales. La entrada de capital extranjero, el mejor aprovechamiento de recursos, la inversión gubernamental en la infraestructura adecuada, y principalmente, la consolidación de un sistema educativo de calidad, son los factores que determinarán un crecimiento económico sostenido y generador de empleos como el que México requiere.

En este sentido, las políticas públicas y las reformas legislativas en materia económica deben reorientarse hacia el logro de un ambiente competitivo que fomente una cultura financiera y empresarial entre los ciudadanos y que promueva, tanto el acceso a oportunidades de financiamiento para los empresarios, como la generación de nuevos empleos por parte de las empresas y la creación de nuevos esquemas educativos enfocados a la competitividad y el liderazgo empresarial para la ciudadanía. Este énfasis en el fortalecimiento del capital humano para incrementar los niveles de empleo en el país, se vuelve evidente al reconocer que durante las últimas décadas, la mayor parte de los países de la Organización para la Cooperación y el Desarrollo Económico (OCDE) han presentado un considerable incremento en la demanda de trabajadores con mayores niveles educativos y competencias laborales, y ante la evidencia de que esta tendencia seguirá agudizándose en el largo plazo.[18] Así, las personas tendrán las herramientas necesarias para posicionarse como los principales promotores del proceso de desarrollo.

La esfera económica es, después de la salud y la educación, una de las de mayor prioridad para las personas, debido al gran número de libertades que proporciona la certeza de tener resueltas las necesidades básicas. La imaginación que enriquece el ideal

---

[18] Bjørnstad, Roger, Marit L. Gjelsvik, Anna Godøy, Inger Holm and Nils Martin Stølen, *Demand and supply of labor by education towards 2030, Linking demographic and macroeconomic models for Norway*, Report 39/201 Statistics Norway, Noruega, 2010, p. 33.

de país o la capacidad de concebir proyectos para obtener mejores condiciones de vida por parte de las personas, se nutre cuando los seres humanos han dado cauce a sus necesidades vitales y cuando se desarrollan dentro de una cultura democrática. Así, es claro que el pleno desarrollo de una persona debe ir acompañado de una estabilidad económica y de un ambiente en donde imperen los valores democráticos, aspectos que son garantizados cuando las personas tienen acceso a recursos económicos provenientes de un empleo justo y adecuadamente remunerado.[19]

Los motores que impulsarán esta mejoría en el ámbito económico se encuentran en todas las latitudes del territorio nacional: en las áreas rurales y urbanas, en las manufacturas y en los servicios, en los gobiernos municipales y estatales, y en general, en cada uno de los mexicanos. Así, en el ámbito rural, la biotecnología, el ecoturismo, la especialización productiva, la consultoría agrícola y pecuaria y otro sinfín de servicios rurales, deben impulsar la creación de una nueva economía regional. Mientras, en las áreas urbanas más desarrolladas, es indispensable la descentralización de actividades y la consecuente generación de nuevos nodos focales que cuenten con la infraestructura necesaria para recibir el reto urbano e industrial. De esta manera, en los ámbitos rural y urbano, se estará garantizando un desarrollo humano sustentable respaldado por una amplia oferta laboral que extienda las libertades de las personas para acceder a mayores niveles de bienestar.

Infraestructura

La inversión en infraestructura constituye un aspecto fundamental para el desarrollo sustentable, el desarrollo humano y el crecimiento económico. Las escuelas, hospitales, centros de cuidado infantil y centros de asistencia social, entre otros, proveen los espacios adecuados para mejorar la calidad de vida de los mexicanos en las comunidades urbanas y rurales.

[19] La Encuesta Nacional de Ocupación y Empleo del INEGI muestra que en el primer trimestre de 2011 el 28.5 por ciento de la población ocupada labora en el sector informal, muestra clara de la debilidad del mercado interno y de la laxitud del entramado normativo, así como de la carencia de oportunidades de empleo capaces de ofrecer los incentivos suficientes para evitar que un tercio de las personas ocupadas de México laboren fuera del marco de la legalidad.

La infraestructura energética y ambiental elevan la sustentabilidad de un país, mientras que las plantas de tratamiento de residuos, plantas de generación de energía limpia, plantas de tratamiento de agua y presas, entre muchos otros proyectos, aumentan gradualmente la esperanza de vida de los bosques, selvas, ríos y lagos. Finalmente la infraestructura productiva y urbana como carreteras, alumbrado, energía eléctrica, parques industriales, puertos y aeropuertos, caminos rurales, riego, vialidades urbanas y líneas ferroviarias, entre otros, fortalecen la productividad del país y el empleo de los mexicanos, pues todos estos cambios incluyen a un mayor número de personas en el sector productivo y atraen mayores inversiones nacionales e internacionales al país.

De acuerdo con el Banco de Desarrollo de América del Norte (NADB), México requiere invertir anualmente más de 25 millones de dólares para el financiamiento de la infraestructura con la finalidad de mitigar el rezago del país en la materia. Los principales servicios públicos que requieren atención son las aguas residuales, puesto que sólo el 35 por ciento es tratado, y los caminos municipales, ya que apenas el 50 por ciento de ellos cuenta con pavimentación. El NADB también indica que en México es necesario elevar la regulación de los servicios públicos para que el gobierno obtenga el capital necesario para reinvertir en infraestructura, ya que el precio pagado por los servicios no refleja el valor real de su costo. Adicionalmente, el organismo indica que para la implementación de una adecuada infraestructura se requiere de voluntad política para la disminución de subsidios, la realización de reformas estructurales, un marco regulatorio adecuado y la profesionalización de los servicios.[20]

Una adecuada infraestructura puede tener impactos positivos en el desarrollo del país: una carretera por ejemplo, puede convertir una pequeña población en un destino turístico atractivo; una línea eléctrica puede impulsar la transformación de un municipio rural en una destacada comunidad productora de leche, huevo o cualquier producto agrícola o pecuario; una línea de voz y datos inalámbrica puede conectar al lugar más remoto con cualquier parte del mundo a través de Internet. Asimismo, el desarrollo de infraestructura permite ampliar la esfera de influencia de la economía formal y la administración pública; es decir, favorece una mejor organización del país. Además, es

[20] Pérez-Gea, Armando, *Retos de Infraestructura Básica Municipal,* North America Development Bank, Estados Unidos, 2009.

un motor de transformación de la economía y la sociedad, ya que genera opciones laborales y acerca a los centros de producción con los centros de consumo, generando economías de escala y creando nuevos mercados.

México, como el resto de los países en desarrollo, cuenta con importantes programas para el fortalecimiento de la infraestructura productiva por parte de organismos internacionales. El NADB financia proyectos de infraestructura para el desarrollo económico de la región fronteriza entre México y Estados Unidos. El Banco Interamericano de Desarrollo (BID) colabora con México para ampliar el financiamiento de proyectos de infraestructura en el orden federal y en los estados, con énfasis en obras con participación del sector privado o asociaciones público-privadas, además de hacer donaciones para actividades que permitan mejorar el clima de negocios para las inversiones en infraestructura. Tales actividades incluyen el fortalecimiento de la capacidad del sector público para preparar y gestionar proyectos, la identificación de obstáculos para las inversiones potenciales, servicios de asesoría, asistencia técnica y capacitación para reguladores;[21] sin embargo, estos servicios y facilidades deben ser gestionados por las comunidades a través de sus gobiernos o las instancias contratadas para estos fines.

Tal como se mencionó, las políticas encaminadas a promover el desarrollo de infraestructura o de cualquier otra dimensión del modelo, impulsan paralelamente el desarrollo humano, el crecimiento económico y la sustentabilidad de los recursos naturales en todos los ámbitos de gobierno.[22] Por este motivo, es preciso que durante la construcción de las políticas públicas no se dupliquen esfuerzos, con el consecuente desperdicio de recursos; tampoco se debe pasar por alto la participación de ninguna de las instancias involucradas en el desarrollo e implementación de las políticas, con la consecuente omisión de importantes valoraciones sobre el impacto de dichas políticas públicas al interior del sistema.

---

[21] Banco Interamericano de Desarrollo, información consultada en internet durante el mes de mayo de 2011: http://www.iadb.org/es/proyectos/proyectos,1229.html.

[22] La experiencia de haber colaborado en la Estrategia de Microrregiones en la SEDESOL, corrobora la premisa de que a través de la infraestructura se puede apoyar significativamente el desarrollo social y territorial de las comunidades más pobres del país. Ver reporte de resultados de la Estrategia Microrregiones en www.microrregiones.gob.mx.

Innovación

Un estudio del Banco Mundial indica que cerca de la mitad de las diferencias en el ingreso y el crecimiento per cápita de los países, se debe a disparidades en la generación de los factores productivos que generalmente se relaciona con los avances tecnológicos.

Las economías con mayor investigación y desarrollo tienen crecimientos más rápidos en los sectores manufacturero y agrícola, que los países que no invierten en estas áreas. Desafortunadamente, los países en desarrollo como México no sólo ejercen montos de inversión insuficientes en la investigación e innovación, sino que además su tasa de adopción de tecnologías desarrolladas por países avanzados también es muy baja.

De acuerdo con el Banco Mundial, México tiene una pobre y decreciente producción de patentes con respecto a economías similares. La insuficiente inversión en investigación y desarrollo es atribuida a la baja cooperación que existe entre la iniciativa privada y las universidades, así como a la escasez de recursos públicos para el desarrollo de este sector.

La dimensión referente a la innovación dentro del modelo, tiene una especial conexión con las dimensiones de infraestructura, empleo y capital humano debido que una de las principales características de las economías que lideran el ámbito del desarrollo tecnológico es la educación de su población.

En este sentido, para lograr un número suficiente de científicos capaces de desarrollar e innovar a través de nuevos productos, procesos o hallazgos en general, que permitan al país posicionarse a la vanguardia del conocimiento científico, las naciones cuentan con tres opciones fundamentales: *1)* la de corto plazo, que consiste en la importación y repatriación de científicos, acompañada de una fuerte inversión en tecnología *ad hoc* a sus conocimientos; *2)* la de largo plazo, que implica la inversión en todos los niveles educativos y la consecuente generación gradual de científicos y conocimiento; y *3)* la combinación de las opciones previamente expuestas, acompañada de múltiples políticas educativas y de inversión técnica.

En ocasiones se piensa que países como Japón son más avanzados tecnológicamente o que Corea del Sur presenta, a diferencia de otros países, cambios tecnológicos inusualmente rápidos. Estas afirmaciones, sin embargo, no significan que el *stock* de conocimiento útil sea mayor en Japón o que crezca más rápidamente en Corea. De acuerdo con Robert Lucas, cuando se habla de diferencias tecnológicas entre países, no se está hablando del conocimiento en general, sino del conocimiento de algún tipo de personas o subculturas.[23] Con base en este razonamiento, se puede afirmar que el avance tecnológico de los países se debe a políticas que los gobiernos implementan para elevar sus ventajas competitivas por medio de la acumulación de capital humano específico entre sus pobladores.

A nivel mundial, las áreas más favorecidas por la investigación científica y que mayores retribuciones económicas traen consigo, son la genética, la biotecnología, la cibernética y la robótica, sin embargo, el número de mexicanos involucrados en estas ramas del conocimiento es muy bajo. De acuerdo con el Informe General del Estado de la Ciencia y la Tecnología del Consejo Nacional de Ciencia y Tecnología (CONACYT), en 2007, México contaba tan sólo con 10,904 investigadores dentro del Sistema Nacional de Investigadores (SNI), distribuidos entre las áreas del conocimiento de acuerdo a la gráfica III.1.[24]

GRÁFICA III.1 Miembros del SNI por área de la ciencia 2009

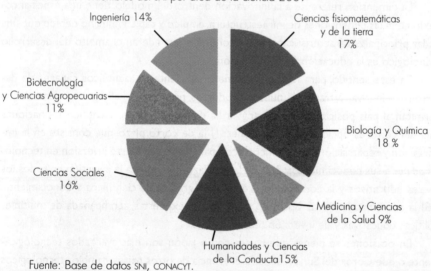

Ingeniería 14%
Ciencias fisiomatemáticas y de la tierra 17%
Biotecnología y Ciencias Agropecuarias 11%
Biología y Química 18%
Ciencias Sociales 16%
Medicina y Ciencias de la Salud 9%
Humanidades y Ciencias de la Conducta 15%

Fuente: Base de datos SNI, CONACYT.

[23] Lucas, Robert E., 1988, *op. cit.*, p. 15.
[24] Consejo Nacional de Ciencia y Tecnología (CONACYT), *Informe General del Estado de las Ciencia y la Tecnología México 2009*, CONACYT, México, 2009, p. 262.

Como se aprecia, la diversidad y concentración en áreas de estudio no es un problema en México, sin embargo, el número total y la concentración geográfica de los investigadores sí lo son. El 39 por ciento de los investigadores de México se encuentran en el Distrito Federal, mientras que el resto se distribuyen en los 31 estados.

La finalidad de que la innovación se posicione como una dimensión del modelo, se basa fundamentalmente en la necesidad que existe en México de un sector educativo vinculado a la ciencia y la tecnología y por consecuencia de un sector productivo más sofisticado, ya que sólo de esta manera es posible conectar el ritmo de crecimiento económico y social de México con la inercia de los países desarrollados.

Normalidad democrática

La normalidad en la práctica democrática se refiere a la posibilidad de traducir los beneficios que brinda la democracia en una mejor calidad de vida y en niveles más avanzados de desarrollo para las presentes y futuras generaciones. Es decir, la democracia en su estado más avanzado, reconocida como un sistema de gobierno y de organización social adecuado y constante, permite que las comunidades, la iniciativa privada, las instituciones académicas y la ciudadanía en su conjunto, ostenten un comportamiento de legalidad, estabilidad y normalidad que permita avanzar en los niveles de bienestar. En este sentido, no es suficiente elegir a los gobernantes de manera democrática, es necesario además crear nuevos mecanismos que promuevan de manera constante el valor de la democracia en los municipios, los estados y la federación, y en los ámbitos público y privado. Por ello, la democracia debe consolidarse como una forma de vida en cada ámbito de la sociedad.

Avanzar en esta dirección requiere de un gran compromiso por parte de los actores políticos, para anteponer los intereses de los ciudadanos por encima de los intereses personales. Del mismo modo, se requiere que la iniciativa privada y la sociedad civil asuman su responsabilidad en la creación de los canales necesarios para el fortalecimiento de la democracia y en la construcción de un México más incluyente, equitativo, justo y participativo. Así, con determinación y visión de largo plazo, cada actor de la sociedad será capaz de fortalecer y nutrir, desde distintos frentes de acción y de manera continua, la normalidad democrática.

A pesar de las ventajas ofrecidas por la normalidad democrática para las naciones que logran alcanzarla, algunas de las democracias incipientes del mundo en desarrollo han generado desconfianza en la sociedad y desalentado a la ciudadanía sobre las ventajas de este sistema político, al no ofrecer en su implementación y retroalimentación, beneficios tangibles y una mejor calidad de vida para las personas. En este sentido, la encuesta Latinobarómetro 2008, indica que el 34 por ciento de los encuestados en América Latina piensa que es posible llegar a ser un país desarrollado con otros sistemas de gobierno distintos a la democracia; mientras que sólo el 57 por ciento de los latinoamericanos apoya a los regímenes democráticos. Si bien, sólo un poco más de la mitad de los encuestados apoya la democracia, es importante señalar que el porcentaje es mayor al 54 por ciento mostrado por la encuesta en 2007. Para el caso específico de México, el porcentaje de personas que apoyaban el régimen democrático disminuyó en 2008 a un 43 por ciento, frente al 48 por ciento del año anterior; mientras que la satisfacción con el régimen también disminuyó, pasando de un 31 por ciento para el año 2007, a un 23 por ciento para el 2008.[25]

Ante este resultado, la democracia en México requiere traducirse a través de programas y estrategias efectivas, en un bienestar capaz de convencer a las personas de que la participación ciudadana, el pleno respeto al estado de derecho, la transparencia en el ejercicio del poder, entre otras prácticas, contribuyen a incrementar las libertades de las personas y a reforzar un modelo de desarrollo centrado en el interés superior del ser humano. Asimismo, la democracia como sistema, debe privilegiarse como el camino más adecuado en la consolidación de un modelo de desarrollo sustentable en el tiempo, al proveer de las herramientas adecuadas para reforzar el trabajo coordinado de la sociedad en la generación de nuevas y mejores oportunidades de desarrollo.

Seguridad y respeto

Un aspecto fundamental para la consolidación del Estado de derecho en México consiste en el aseguramiento de la libertad, la seguridad y el respeto a las garantías de las

---

[25] Latinobarómetro Opinión Pública Latinoamericana, *Latinobarómetro 2008*, Corporación Latinobarómetro Santiago de Chile, Chile, 2008.

personas. Sin embargo, de acuerdo con el Informe 2011 de Amnistía Internacional, en México, lejos de disminuir las violaciones a los derechos humanos, durante los últimos años se ha recrudecido la violencia hacia distintos sectores de la sociedad y por múltiples causas. El reporte destaca el uso excesivo de la fuerza por parte de mandos policíacos y militares, los homicidios de periodistas y las amenazas contra su libertad de expresión, así como discriminación hacia los indígenas y migrantes que cruzan la frontera con Estados Unidos. Adicionalmente, el organismo reporta la existencia de altos índices de delincuencia violenta relacionada con el narcotráfico.[26] De acuerdo con el reporte de 2011, durante 2010 en México se presentaron más de 15,000 muertes violentas relacionadas con bandas criminales en el norte del país, así como más de 50 militares y 600 policías de todos los órdenes de gobierno perdieron la vida en incidentes relacionados con la violencia.

Asimismo, de acuerdo con la Encuesta Nacional sobre la Dinámica de las Relaciones en los Hogares del INEGI, la violencia en contra de la mujer también es uno de los problemas recurrentes del país, ya que 5.6 millones de las mujeres mayores de 15 años afirmaba haber sufrido algún tipo de violencia en el hogar, la comunidad, el lugar de trabajo o la escuela, y casi el 70 por ciento de ellas declara haber sido objeto de insultos u ofensas por parte de varones.[27]

Estas y otras violaciones de los derechos humanos que se presentan en México pueden ser mitigadas a través de políticas públicas de vigilancia y acompañamiento a las políticas sociales y a las de combate a la delincuencia organizada, así como la instrumentación de campañas de sensibilización en contra de todos los tipos de violencia hacia cualquier miembro de la sociedad. En este sentido, a través de la implementación de políticas públicas sistémicas en la dimensión de seguridad y respeto se puede avanzar en el respeto a la ley y a los derechos humanos. Es complicado llegar a un equilibrio en esta materia, puesto que las acciones que representan un abuso de poder para ciertos sectores de la sociedad, para otros representa la fuerza necesaria para hacer valer el Estado de derecho. Esto implica que las autoridades y los ciudada-

---

[26] Amnistía Internacional, *Informe 2011: el estado de los derechos humanos en el mundo*, Amnistía Internacional, España, 2011, pp. 311-315.

[27] Instituto Nacional de Estadística, Geografía e Informática (INEGI), *Encuesta Nacional sobre la Dinámica de las Relaciones en los Hogares 2006*, INEGI, México, 2006, p. 47.

nos, deben conducirse con apego a las normas jurídicas que tutelan los derechos de las personas, con la finalidad de que la intervención judicial no se preste a interpretaciones subjetivas.

Así como los ejes y las dimensiones del modelo permiten la implementación de las políticas públicas generadas por medio de un proceso sistémico en el que participan todos los actores de la sociedad, los componentes de retroalimentación permiten el perfeccionamiento continuo del sistema, al establecer las bases fundamentales para la armonía entre los miembros de la sociedad y la permanencia del régimen democrático de forma voluntaria. Estos componentes, definidos como las palancas del desarrollo humano sustentable, alientan a la ciudadanía para involucrarse activamente en la obtención de mayores estados de desarrollo y bienestar.

Las palancas del modelo

La adecuada implementación del modelo en los ejes y dimensiones descritos previamente, requiere de una retroalimentación constante que permita materializar y maximizar los avances del desarrollo humano sustentable en las condiciones, medios y fines del desarrollo. Este proceso se lleva a cabo a través de las palancas del modelo sistémico para el desarrollo humano sustentable en México, las cuales se definen como los instrumentos que retroalimentan el modelo, y a su vez consolidan y amplifican los avances del DHS, impregnando a todo el sistema de los beneficios alcanzados.

Estas palancas constituidas por la educación, el estado de derecho y la participación ciudadana; son los catalizadores que maximizan el beneficio de las acciones que se aplican en alguno de los subsistemas, para transmitirlos hacia otros subsistemas sociales pertenecientes al sistema. Otra de las bondades de dichas palancas, consiste en que permiten que cada política implementada y enfocada hacia los objetivos de los municipios o las entidades federativas del país, tenga un efecto multiplicador en su consecución de resultados.

A continuación se describen las palancas del modelo del desarrollo humano sustentable y al mismo tiempo se describe la forma en que la intervención de cada una de ellas sirve como catalizador; es decir, se describe la forma en que dichas palancas fortalecen los ejes y dimensiones del modelo a través de los efectos positivos que detonan.

Educación

La educación es un tema prioritario para el presente y futuro de México. En todos sus niveles es, sin lugar a dudas, el mejor camino que una sociedad puede seguir para asegurar mayores niveles en la calidad de vida de sus ciudadanos, pues en ella radican muchas de las oportunidades de desarrollo de la persona, la familia, el municipio, el estado y el país en su conjunto.

La educación determina el papel que debe jugar el hombre en la sociedad, aporta el deber ser de la persona y trae al imaginario colectivo una visión clara sobre lo que es y no es recomendable para la sociedad. Un comportamiento civilizado, discusiones constructivas, cuidado del medio ambiente, respeto a los semejantes, comprensión del funcionamiento de las instituciones, entendimiento de las relaciones entre los seres humanos y su entorno, y el desarrollo de la creatividad, son algunos de los elementos que la educación debe fomentar en la sociedad y por ello representa una palanca fundamental para el desarrollo de la persona.

Asimismo, la educación es la raíz de un estado constructivo y de una ciudadanía competitiva en todos los niveles, pues en ella recae la formación de la clase política, los científicos, los empresarios, los gobernantes y de todas las personas que participan en la composición y funcionamiento de la sociedad. Por este motivo, resulta fundamental que todos los sectores de la sociedad participen activamente en el área educativa, propiciando que el avance de la sociedad se oriente hacia una misma dirección: el desarrollo humano sustentable.

Al involucrar a todos los actores de la sociedad en el proceso educativo de la nación, se fortalece la cultura democrática del país. Asimismo, al sembrar en la ciudadanía, a través de la educación, una cultura democrática, se refuerza la participación ciudadana, no sólo en el ámbito educativo, sino en todos los aspectos de la vida. El aula es, después de la familia, el centro donde se aprenden y expresan los valores democráticos de una persona; es allí donde los niños y jóvenes aprenden a ser participativos, respetuosos y responsables. Por ello, la educación es el epicentro de las transformaciones estructurales que requiere el país.

De esta manera, la educación se constituye como una palanca fundamental para detonar y retroalimentar el desarrollo humano sustentable en México, en el corto, mediano y largo plazo. Al brindar mayores y mejores oportunidades educativas para la sociedad, las personas también reciben la posibilidad de protagonizar su propio proceso de desarrollo y el de su comunidad, debido a que adquieren las habilidades necesarias para detonar un desarrollo humano y sustentable basado en la libertad y la responsabilidad intergeneracional.

La educación representa un eslabón fundamental en la retroalimentación del desarrollo humano sustentable generado por las políticas públicas alineadas a los ejes y dimensiones del modelo, puesto que la educación de los pueblos permite que los avances alcanzados durante el proceso de desarrollo, sean capitalizados de manera integral por los ciudadanos en todos los aspectos de su vida.

Estado de derecho

El Estado de derecho también es fundamental para mejorar la convivencia democrática, la estabilidad y la paz social en México. Para su consolidación, resulta imperativo asegurar la observancia de la ley y el pleno respeto a los derechos humanos.

Al igual que la educación, la consolidación del Estado de derecho representa una palanca fundamental para el desarrollo humano sustentable al garantizar el orden y la seguridad necesarios para garantizar la existencia de un ambiente que propicie que la búsqueda del desarrollo por parte de las personas, no se vea obstaculizada por aspectos alejados de la legalidad y el derecho. En este sentido, la conceptualización del Estado de derecho como palanca se centra en tres aspectos que resultan fundamentales para el DHS: la centralidad de la persona y su relación con el Estado de derecho; el rol de la familia y la educación en la búsqueda del Estado de derecho a través de a participación ciudadana, y la acción coordinada de los tres órdenes de gobierno en la consolidación de una sociedad más libre y segura.

El Estado de Derecho tiene como objetivo fundamental, el de garantizar el pleno bienestar de la persona en sociedad, es decir, debe ofrecer el marco adecuado para crear un clima de orden y seguridad, capaz de proteger el ser humano. Asimismo, debe contribuir en el proceso de desarrollo de las personas, al permitirles cosechar los frutos de su esfuerzo y trabajo, al promover la equidad, la transparencia, la vigilancia y la libre competencia en un mercado formal, entre otros factores. Por su parte, el esfuerzo y el trabajo de las personas deben verse reflejados en mayores niveles de educación, salud e ingreso, así como en el incremento de la productividad a través de la desregulación, recapitalización e inversión en infraestructura, entre otros aspectos. De esta manera el Estado de derecho se posiciona como una palanca capaz de mitigar de manera directa o indirecta, algunas de las causas de la pobreza, la delincuencia y la desigualdad social.

Asimismo, el estricto apego a la legalidad debe estar fundamentado en una educación adecuada que permita que el Estado de derecho se convierta en una condición deseable para el desarrollo de la sociedad. Para ello, la familia y la educación cobran un rol fundamental al formar ciudadanos conscientes y responsables, capaces de asumir un papel protagónico en la vigilancia y procuración de la ley. La posibilidad de que la ciudadanía comprenda que el Estado de derecho permite acceder a niveles superiores de desarrollo; por el contrario, el desapego a éste conduce a procesos negativos ligados a mayores niveles de inseguridad y delincuencia, por lo que su cumplimiento representa la oportunidad de abatir de raíz, problemas como la delincuencia, la impunidad y la informalidad de los mercados, entre otros aspectos transgresores de la legalidad.

En México, la creciente ola de violencia y delincuencia que tanto ha lastimado e indignado al país, hace evidente la necesidad de consolidar el Estado de derecho a través de la articulación de una labor coordinada entre los tres niveles de gobierno, con la finalidad de que el país avance de manera conjunta, en una misma dirección hacia la consolidación de niveles más avanzados de libertad, justicia y seguridad. De esta manera, el fortalecimiento del Estado de derecho, garantiza una base sólida para aumentar un desarrollo de corto, mediano y largo plazo.

Al cohesionar las acciones de los tres órdenes de gobierno y encausarlas hacia un mismo fin, el Estado de derecho garantiza también la sustentabilidad económica, política y social. En primera instancia, el acceso a las oportunidades de empleo y crecimiento económico se fortalece a lo largo del tiempo, a través de la prevalencia de un mercado ordenado y respetuoso de los derechos económicos de la sociedad; por su parte, las libertades políticas permiten que las presentes y futuras generaciones se involucren activamente en la construcción de un régimen democrático de largo plazo; y finalmente, el pleno respeto a los derechos fundamentales de la persona, permite el desarrollo integral de la sociedad.

Participación ciudadana

Finalmente, la participación ciudadana se constituye como la última de las palancas del desarrollo humano sustentable, al ubicar a la persona como un sujeto activo en las transformaciones políticas, sociales, culturales, ecológicas y económicas del país. A través de ella, la sociedad se involucra directamente en el proceso de retroalimentación del modelo y permite que éste alcance mayores niveles de libertad y sustentabilidad para la ciudadanía.

La posibilidad de incrementar los niveles de bienestar en la sociedad y de que dichos niveles sean proyectados hacia el corto, mediano y largo plazo, se vuelve más factible, cuando la sociedad se involucra activamente en la exigencia de sus derechos y libertades fundamentales, y expresa su opinión a través de propuestas concretas para mejorar su situación por medio de la participación en foros y a través de campañas en las que enarbola los valores más profundos de la humanidad y enaltece la urgencia y necesidad de posicionar a la persona en el centro de la acción política.

En este sentido, la participación ciudadana inhibe aspectos negativos como la impunidad o la corrupción y al mismo tiempo facilita la obtención de mejores servicios y oportunidades para la población. Al permitir que los intereses de la sociedad se vean plasmados en la implementación de políticas públicas, la participación ciudadana se constituye como un elemento multiplicador que proyecta el bienestar hacia el futuro.

Con esta claridad, resulta evidente que la participación ciudadana fortalece la democracia y la fija en la sociedad como un valor universal, puesto que fomenta un tipo de ciudadanía con mayor interés por mantenerse informada de los acontecimientos públicos y privados, dirigiendo con sus preferencias el destino de la nación hacia un mayor nivel de desarrollo.

Esta participación es fomentada en buena medida, por las organizaciones de la Sociedad Civil, que promueven derechos desde distintos y variados campos de acción de forma organizada. Estas organizaciones representan las demandas y exigencias de la sociedad a favor de un mayor desarrollo, de elevar la calidad de vida de la sociedad y de preservar los recursos naturales del planeta, entre otros múltiples asuntos. Por este motivo, el ciudadano participativo juega un importante papel, al encabezar a las organizaciones sociales, políticas, económicas y culturales, en el fortalecimiento de la democracia.[28]

Así, la participación ciudadana no sólo significa un pleno ejercicio de la ciudadanía para promover los derechos de la sociedad y vigilar que los gobiernos cumplan con sus obligaciones; sino que además constituye una palanca del desarrollo humano sustentable porque potencializa los esfuerzos de la ciudadanía, en la búsqueda del desarrollo.

III.3 Funcionamiento del modelo

Como se mencionó previamente, la interacción entre los ejes, las dimensiones y las palancas, permiten que las políticas públicas que surgen de un proceso de análisis, política y modelación, puedan implementarse de manera eficiente y ubicarse en una espiral continua de perfeccionamiento. Este complejo proceso es expuesto a continuación, a través de la explicación del funcionamiento del modelo sistémico para el desarrollo humano sustentable en México. El resultado de dicho proceso es la implementación de políticas públicas capaces de mejorar las condiciones, medios y fines, y por tanto, elevar los niveles de desarrollo humano sustentable.

Las dimensiones, como se ha descrito, son espacios de oportunidad sobre los cuales se debe actuar por medio de políticas puntuales, impulsando cada uno de los tres ejes del desarrollo. El núcleo operativo del modelo, compuesto por ejes y dimensiones, permite ver materializados aquellos esfuerzos que, de manera transversal, buscan consolidar un mejor país para las presentes y futuras generaciones de mexicanos. Por su parte las palancas legitiman las políticas públicas y permiten la retroalimentación continua del proceso, al involucrar a una sociedad informada y dispuesta a tomar parte activa en el DHS.

Esta sección comienza con la descripción de la forma en que se llevan a cabo las etapas de análisis, negociación política y modelación de las políticas públicas que toma como referencia el modelo de construcción de políticas de IIASA, expuesto en el capítulo segundo. El primer apartado describe el surgimiento de las políticas públicas a partir de

---

[28] Para una revisión sobre la forma en que la participación ciudadana, a través de las Organizaciones de la Sociedad Civil, contribuye en la búsqueda del desarrollo ver: Gell-Redman, Micah y Caren Kang, "Plenty of unfinished business: The United Nations, Civil Society, and Global Development", en *The public Policy Journal of the Cornell Institute for Public Affairs*, Vol. 10, Núm. 1, Fall 2006, Estados Unidos, 2006, pp. 63-65.

1) la elaboración de un diagnóstico que contempla los recursos disponibles y las demandas existentes, *2)* la negociación entre distintos actores de la sociedad con valores, intereses y objetivos diversos y *3)* la modelación de estrategias y escenarios para la implementación de dichas políticas. El segundo apartado explica la etapa de implementación, es decir, forma en que las políticas, tras ser analizadas y proyectadas, son puestas en marcha e introducidas en áreas estratégicas para conseguir el desarrollo humano sustentable de forma gradual. Finalmente, en el tercer apartado se describe la forma en que el desarrollo genera mayor desarrollo a través de las palancas.

Análisis, política y modelación de las políticas públicas

En concordancia con el modelo sistémico para la generación e implementación de políticas públicas de IIASA, en el presente modelo también es necesario que cada política pública para el desarrollo parta de un análisis bien fundamentado y que adicionalmente transite por las etapas de negociación política y modelación, con la finalidad de alcanzar una implementación con resultados favorables. Este proceso, descrito en el capítulo segundo, es retomado para la construcción del modelo sistémico para el desarrollo humano sustentable, dadas las bondades que posee para la sistematización y homogeneización del proceso de creación de políticas públicas, aludiendo a la transversalidad del proceso y al perfeccionamiento continuo del mismo.

La primera etapa en la generación e implementación de políticas públicas consiste en un análisis de los contextos político, económico, geográfico, demográfico y social de las localidades en las que se pretenda implementar el modelo, con la finalidad de alcanzar una implementación con resultados favorables. Este diagnóstico proveerá de información sobre los recursos con los que cuenta el subsistema en cuestión, describiendo sus fortalezas y debilidades, sus áreas de oportunidad y las amenazas dentro y fuera de dicho subsistema. Del mismo modo, debe contemplar las demandas de sus habitantes, ya que son ellos quienes conocen a fondo las necesidades y problemáticas de su localidad, así como sus fortalezas. El análisis tiene que ser exhaustivo y objetivo, anteponiendo el interés por consolidar el desarrollo humano sustentable, y evitando que quienes lo lleven a cabo sean sesgados por intereses personales.

Una vez que se cuente con el *análisis*, es necesario identificar, exponer y discutir cuáles son las necesidades o problemas que exigen la generación de políticas públicas para promover el desarrollo humano sustentable. En esta etapa, denominada *política,* se evalúan los objetivos, valores e intereses de los actores involucrados con la intensión de alcanzar consensos que tiendan hacia el bienestar común. Esta etapa es particularmente complicada, dadas las diferencias políticas, socioeconómicas, y culturales existentes; por este motivo, resulta fundamental orientar y mantener la dirección de las políticas públicas propuestas en la búsqueda del desarrollo humano sustentable y de ser posible, contar con agentes neutrales que dirijan el proceso. Así, pese a las discrepancias que puedan existir entre los actores del subsistema bajo análisis, la urgencia por abatir las problemáticas prevalecientes y la preocupación compartida por otorgar a las siguientes generaciones mejores oportunidades de desarrollo que las actuales, mantendrán a la sociedad unida y la guiarán hacia los acuerdos necesarios dentro de un ambiente de concordia y democracia.

En este contexto, los valores de empatía, respeto, tolerancia y concordia cobran mayor sentido, y permiten reforzar las prácticas democráticas, al incluir a todos los actores de la sociedad en la generación de consensos para la creación de propuestas de políticas públicas. Estas propuestas no serán necesariamente las mejores, ni las más avanzadas, por lo que requerirán de una profunda negociación, evaluación y análisis, en las que todos los grupos sociales deberán participar.

Idealmente, la aplicación de las políticas públicas debe ser cuidadosamente evaluada antes de su puesta en marcha, por ello la importancia de la modelación. La simulación de la aplicación de políticas tiene tanta importancia en este proceso, como la tienen los experimentos en los laboratorios para la producción de vacunas, o la elaboración de maquetas para la construcción de edificios. Sin embargo, en las ciencias sociales este tipo de simulaciones son muy difíciles de llevar a cabo, debido a los altos costos sociales, políticos y económicos que implicaría un experimento en este ámbito. De tal suerte que una vez planteadas las estrategias, es necesario realizar nuevamente un análisis de los valores e intereses de los ciudadanos implicados. Esta retroalimentación previa a la aplicación de las políticas es fundamental y debe repetirse las ocasiones que sean necesarias para garantizar, en la medida de lo posible, la adecuada implementación y funcionamiento de cada una de las iniciativas.

En la figura III.7 se aprecia el proceso de creación de políticas públicas a través del modelo sistémico para el desarrollo humano sustentable en México. A partir de las etapas de análisis y política, así como de la modelación continua de estrategias y escenarios, surgen políticas públicas para consolidar el desarrollo humano sustentable en alguno de los subsistemas de México.

Figura III.7 La creación de políticas públicas

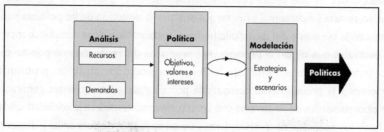

Fuente: Elaboración propia.

Las políticas públicas, los ejes y las dimensiones

La etapa de implementación del modelo se centra en el funcionamiento de los tres ejes y las siete dimensiones del desarrollo humano sustentable, una vez que las políticas públicas han sido diseñadas, creadas y analizadas para algún espacio geográfico y político específico. Las dimensiones, como se ha descrito previamente, son líneas de acción sobre las cuales es necesario aplicar políticas públicas para impulsar mayores niveles de desarrollo a través de los ejes. Algunas dimensiones son más compatibles con determinados ejes que otras, pero en todos los casos existen sinergias entre ejes y dimensiones.

Una vez que las políticas públicas se han desarrollado y que cuentan con el consenso de la ciudadanía, los actores políticos y los entes productivos de la localidad en donde se llevarán a cabo, es necesario decidir en cuáles ejes estratégicos se implementarán dichas políticas. Posteriormente será necesario lograr el impacto proyectado, a través de las dimensiones correspondientes, para comenzar así con el proceso de desarrollo humano sustentable.

La figura III.8 muestra la forma en que los ejes y las dimensiones del desarrollo humano sustentable interactúan, así como la forma en que las políticas públicas concebidas previamente se insertan en la etapa operativa del modelo.

Figura III.8 Implementación de políticas

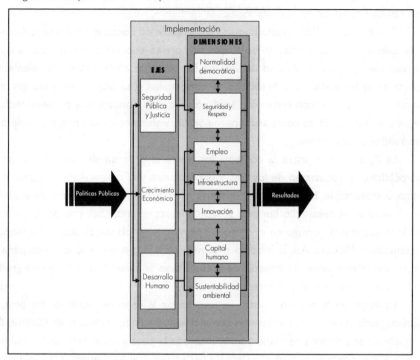

Fuente: Elaboración propia.

Cada eje tiene una influencia especial sobre determinadas dimensiones, puesto que su relación depende del grado en el que los conceptos se pueden relacionar operativamente. Por ejemplo, todo aspecto jurídico forma parte del eje de seguridad pública y justicia; no obstante, también pueden formar parte de este eje algunas dimensiones o líneas de acción que se relacionen con otros ejes del desarrollo, tales como aspectos económicos, distribución del ingreso, etcétera. Del mismo modo, las dimensiones se relacionan entre sí de acuerdo a su cercanía funcional y operativa. Si bien, algunas tienen una relación más estrecha con otras, siempre habrá un vínculo posible entre el resto de ellas. Es muy clara por ejemplo, la fuerte relación que existe entre la normalidad democrática y la seguridad y respeto, o entre innovación y la infraestructura; pero también son posibles todas las demás relaciones.

Debido a que el desarrollo humano sustentable no consiste en una finalidad limitada, sino un proceso constante en el que siempre se encontrarán ventanas de oportunidad para mejorar la calidad de vida de las personas, cada uno de los elementos aporta su operatividad, su aplicabilidad, su continuidad o su objetividad para que, tras un proceso adoptado con responsabilidad, compromiso, honestidad y perseverancia, se llegue a un estado de las cosas siempre mejorable y siempre guiado por el principio de centralidad de la persona.

La figura III.9 muestra la combinación entre el proceso de creación de políticas públicas, la articulación de los ejes y dimensiones, y la consecución del desarrollo humano sustentable. La flecha que comienza el recorrido desde la etapa de análisis y que finaliza en el desarrollo humano sustentable, representa cada una de las políticas públicas que traerá consigo en el corto, mediano y largo plazos, el desarrollo humano sustentable a México. Así, el modelo sistémico para el DHS en México desempeña un papel fundamental para el bienestar de la ciudadanía en cuanto un mecanismo gradual de promoción de valores y libertades.

La etapa en la que finalmente se transita de la *implementación* de las políticas públicas hacia el DHS es una de las más complejas, puesto que el desarrollo humano sustentable no se presenta de manera inmediata tras la puesta en marcha de las políticas, sino que este proceso es gradual y siempre perfectible. Tras implementar las políticas en las distintas dimensiones, las condiciones, los medios y los fines, se ven impactados para dar pie a una nueva reevaluación y toma de decisiones. Así, se asegura el continuo perfeccionamiento del desarrollo, consolidando de manera paulatina el papel central de la persona y la importancia de promover la sustentabilidad en el ámbito social, económico y medioambiental. La figura III.10 muestra el paso de los ejes y dimensiones del sistema hacia las condiciones, medios y fines del desarrollo humano sustentable.

Figura III.9 Políticas públicas y desarrollo humano sustentable

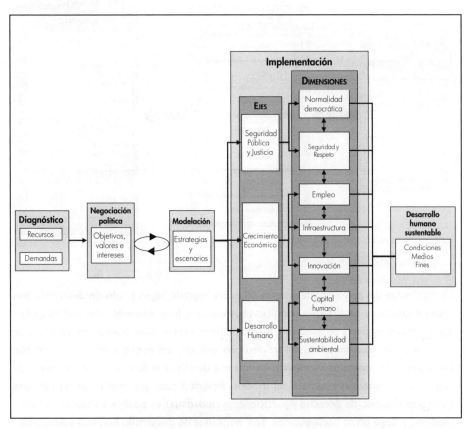

Fuente: Elaboración propia.

Figura III.10 Ejes, dimensiones y el desarrollo humano sustentable

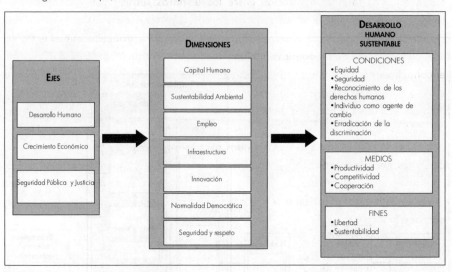

Fuente: Elaboración propia.

En esta etapa del proceso, idealmente se habrá logrado algún grado de desarrollo humano sustentable, alcanzando condiciones, medios o fines mejores a las iniciales, pero aún perfectibles. Estas condiciones, medios y fines, representan puntos intermedios de referencia para continuar con el infinito proceso del desarrollo humano sustentable. En el siguiente apartado se explica de manera detallada la forma en que, a través de una retroalimentación continua del modelo, llevada a cabo por medio de las palancas (educación, Estado de derecho y participación ciudadana), es posible arribar en el corto, mediano y largo plazo hacia estados más avanzados de desarrollo humano sustentable.

La retroalimentación del modelo

La consolidación y el perfeccionamiento del desarrollo humano sustentable en México requieren de la aplicación de una visión sistémica que conserve abiertos los canales de comunicación entre los distintos subsistemas y preserve la retroalimentación en dicho proceso. Como se señaló en el capítulo segundo, el modelo sistémico contempla una intensa interacción entre los distintos subsistemas y actores involucrados, con la finalidad de alcanzar consensos, acordar estrategias y llevar a cabo acciones que tiendan hacia el bienestar común. Lo anterior evidencia que el éxito en la implementación de las políticas públicas dependerá en gran medida, de la capacidad, el conocimiento y la voluntad de los actores involucrados para optar por el diálogo e incluso considerar la posibilidad de corregir el sendero en caso de que estas políticas públicas aparten a la sociedad de la consolidación del desarrollo humano sustentable.

Al explicar el proceso de construcción de políticas públicas, se subrayó la importancia de contar con ajustes continuos para asegurar que dichas políticas respondan a las necesidades y problemáticas específicas de cierta localidad. Sin embargo, en este proceso que involucra directamente a los hacedores de políticas públicas, la racionalidad contemplada en la teoría económica resulta prácticamente imposible de obtener.[29]

En realidad, quienes toman las decisiones sólo cuentan con "un conocimiento fraccionado de las condiciones que rodean a la acción y una ligera perfección de las regularidades y de las leyes que le permitirán deducir las consecuencias futuras a partir del conocimiento de las circunstancias presentes".[30] Lo anterior, sugiere que cualquier acción emprendida en un sistema puede traer tanto consecuencias favorables, como desfavorables para el resto de sus componentes, y aunque lo ideal sería conocer con certeza las consecuencias y el impacto que tendrá en la aplicación de políticas públicas, en las ciencias sociales estas predicciones resultan muy limitadas. En ocasiones, las consecuencias de la implementación de una política pública se ven reflejadas de manera gradual, por lo que los creadores de políticas, comienzan a percibirlas cuando los afectados manifiestan su conformidad o inconformidad.

En este sentido, resulta indispensable que el modelo sistémico para el desarrollo humano sustentable haga uso de sus componentes de retroalimentación, los cuales permitirán corregir las imprecisiones que deriven tras la aplicación de las políticas

---

[29] Según la cual, la que la persona toma sus decisiones después de haber analizado las relaciones costo-beneficio de todas las opciones existentes, resulta.

[30] Simon, Herbert, "A Behavioral Model of Rational Choice", *Models of Man, Social and Rational: Mathematical Essays on Rational Human Behaviour in a Social Setting*, Nueva York, 1957, p. 78.

públicas y pulir de manea gradual, las condiciones, medios y fines. Así, la educación, el Estado de derecho y la participación ciudadana se posicionan como las palancas necesarias para apuntalar la consolidación del desarrollo humano sustentable en México. A continuación se retoma brevemente cada una de las tres palancas, con la finalidad de exponer su papel como catalizadores en la consolidación del desarrollo en el país.

Como se señaló anteriormente, la educación debe contemplar la proliferación de una cultura democrática que abrace los valores de respeto, inclusión y solidaridad. Estos valores resultan vitales para sembrar en la sociedad el principio de centralidad de la persona, al promover la importancia del diálogo, la convivencia en concordia y la participación ciudadana. Al recibir una educación integral que promueva una cultura democrática, las personas estarán cada vez más preparadas y comprometidas para involucrarse activamente en el proceso de generación e implementación de políticas públicas. Sólo a través de una sociedad responsable y educada será posible fortalecer las redes de capital social y avanzar hacia estados más elevados de desarrollo.

En esta dirección, la participación ciudadana, también busca involucrar a la ciudadanía en el proceso de desarrollo. Así, el modelo del desarrollo humano sustentable, ubica a la persona al centro del quehacer de la vida pública nacional, al tiempo que impulsa la creación de canales de participación ciudadana que fomentan los valores de solidaridad y empatía e involucra a los ciudadanos en los cambios que requiere el país. Idealmente, la iniciativa privada, el gobierno y la sociedad civil deben trabajar juntos para extender y aprovechar la gama de posibilidades que tiene una persona de participar de manera activa y responsable en la vida política, social, económica y medioambiental en el país.

Es verdad que las problemáticas que prevalecen en México parecen no tener una pronta solución o desalientan a las personas y frenan la participación ciudadana; sin embargo, resulta fundamental que el gobierno no cese en su intento por involucrar activamente a la sociedad, reconociendo la capacidad e impacto que el entramado compuesto por las organizaciones, fundaciones, instituciones educativas y otros actores de la sociedad civil, tiene en el proceso de desarrollo. De la misma manera, resulta primordial que los mexicanos conserven el espíritu de lucha que los caracteriza y el ánimo por trabajar unidos y en concordia en la construcción de un mejor país para las siguientes generaciones.

Esta certeza que los mexicanos requieren para involucrarse de manera libre y ordenada en la vida política, social y económica del país se encuentra encarnada en el Estado de derecho. El pleno respeto a las normas y leyes del país representa el marco fundamental para mantener la paz y la armonía en una sociedad; el aseguramiento del Estado de derecho implica el pleno respeto de los derechos humanos, así como el estricto cumplimiento y seguimiento de las obligaciones que poseen los ciudadanos. Así, el Estado de derecho se constituye como una palanca fundamental para asegurar que los beneficios que emanen de las políticas públicas implementadas, sean repartidos de manera equitativa y justa, y bajo los términos y condiciones contemplados en la ley.

El Estado de derecho y la participación ciudadana encuentran un campo común de acción, cuando los ciudadanos se involucran activamente en el proceso de vigilancia del cumplimiento de la ley; el derecho que las personas poseen de expresar sus demandas ciudadanas y la posibilidad de involucrarse activamente en la vida política del país, permite mantener al proceso de creación e implementación políticas públicas bajo un estricto control de calidad, tendiente hacia estados más elevados del desarrollo humano sustentable.

Esta es la forma en que la educación, la participación ciudadana y el Estado de derecho se posicionan como las palancas que permiten completar el modelo sistémico para el desarrollo humano sustentable, tal y como se observa en la figura III.11. Las palancas impulsan un continuo perfeccionamiento de las condiciones, medios y fines, y por tanto, generan estados más elevados de desarrollo de forma gradual.

La importancia de las palancas radica en la capacidad que poseen de refrendar el principio de centralidad de la persona, al otorgarle la responsabilidad de involucrarse activamente en el proceso de desarrollo de la nación, y en la vigilancia y observancia de la ley.

Figura III.11 Modelo sistémico para el desarrollo humano sustentable

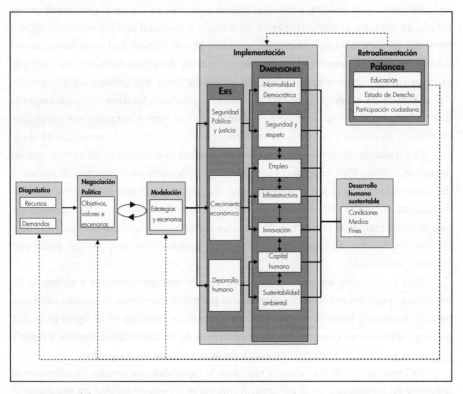

Fuente: Elaboración propia.

Las palancas intensifican el impacto de cada una de las políticas públicas emprendidas a favor del DHS, al permitir que los ciudadanos encuentren asequible la obtención del desarrollo en el corto, mediano y largo plazo. La retroalimentación continua del modelo, sumada a la planeación sistémica de las políticas públicas, permite alcanzar de manera gradual la consolidación de las condiciones, medios o fines, replanteando cada vez que finaliza un proceso, nuevos objetivos de corto, mediano o largo plazo.

La figura III.12 muestra dicha temporalidad. Cada uno de los bloques horizontales extendidos representa el cumplimiento gradual de objetivos; en algunos casos los objetivos de corto plazo sólo representarán en algún momento, medios o condiciones para objetivos de plazos mayores. En la figura sólo se aprecian las dimensiones, lo cual implica que detrás de éstas se encuentran los ejes; al interior de cada bloque existe una fuerte retroalimentación guiada por las palancas y en cada uno de ellos, el mecanismo se repite una y otra vez para avanzar hacia estados superiores del desarrollo.

Figura III.12 Temporalidad del desarrollo humano sustentable

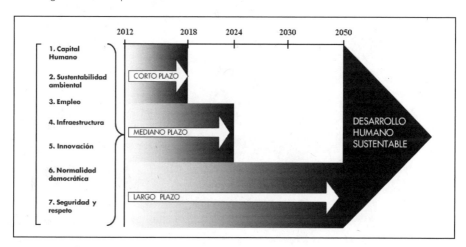

Fuente: Elaboración propia.

La visión de largo plazo implica que el modelo sistémico para el desarrollo humano sustentable busca trascender los periodos de gobierno. Es decir, sin importar partido político que se encuentre vigente en los gobierno municipales, estatales o federal, los objetivos de largo plazo deben ser retomados por los gobiernos subsecuentes, debido a que han sido concebidos y construidos en acuerdo y con una filosofía del largo plazo.

La capacidad de fijar un camino con metas de largo plazo sólo es posible cuando dentro de un marco de concordia y democracia, los gobiernos, la iniciativa privada y la sociedad civil, coinciden en la importancia de la centralidad de la persona a pesar de las diferencias políticas, ideológicas, culturales o socioeconómicas que puedan existir. Como se analizará en el capítulo cuarto, la concordia permite sentar las bases para superar las discrepancias y alcanzar acuerdos que tiendan hacia el bienestar común, mientras que la democracia se constituye como el único sistema político capaz de corregir sus imprecisiones, al hacer partícipes a todos los actores de la sociedad en la consolidación de mejores niveles de vida para las presentes y futuras generaciones.

Capítulo IV

Concordia y democracia para el desarrollo humano sustentable en México

La consolidación del desarrollo humano sustentable en México requiere, además de la ubicación de la persona al centro del diseño de las políticas públicas municipales, estatales y nacionales, así como de una metodología y técnica como la ofrecida por la teoría general de sistemas, de dos factores fundamentales para la convivencia social y el desarrollo: la concordia y la democracia. Estos elementos ofrecen una serie de aspectos positivos que constituyen el escenario óptimo para el funcionamiento adecuado del modelo sistémico del desarrollo humano sustentable en México. Por este motivo, un supuesto fundamental para el funcionamiento de este modelo, consiste en un régimen democrático en el que prevalezca la concordia.

Así, la concordia aporta el elemento social necesario para la socialización e implementación del modelo sistémico, además de sembrar en el alma de las personas, esa armonía que se requiere para identificar las tareas pendientes y concretar las reformas que México necesita en este siglo XXI. Inspiradas en esta premisa, las voluntades de los mexicanos permanecerán inquebrantables, ya que perseguirán objetivos justos y útiles, siempre orientados hacia el bienestar común.

La democracia, por su parte, aporta un significado social positivo que se encuentra enlazado al desarrollo de cada individuo y de la sociedad: el valor de la persona. Además de ubicar la libertad y la sustentabilidad como núcleos del funcionamiento de la sociedad, la democracia también impregna todas las formas de comunicación y regula la actividad humana en todas sus manifestaciones, por eso implica la creación de una cultura que verdaderamente se oriente hacia el desarrollo de la persona.

La concordia nacional y la democracia como valor universal, no sólo constituyen uno de los mayores desafíos del México actual, sino que además representan una gran oportunidad para proyectar el desarrollo del país con miras de corto, mediano y largo plazo. Las circunstancias actuales abren la posibilidad de colocar a México entre los países capaces de demostrar que cuando la concordia y la democracia permean el ambiente político y social, el desarrollo es más factible, más sustentable en el tiempo y más ajustado a las necesidades y aspiraciones de la ciudadanía.

Si bien en México se han alcanzado mayores niveles de desarrollo de manera paulatina, es preciso reconocer que dicho desarrollo también se ha dado de forma lenta y distorsionada, pues al constituirse como una democracia joven y con niveles de concordia menores a los deseables, el país ha avanzado en términos de bienestar, pero no al ritmo deseado y esperado por la sociedad.

En este contexto, el presente capítulo subraya la importancia de un clima de concordia y democracia para la consolidación de un modelo exitoso para el desarrollo humano sustentable en México. Así, en el presente capítulo, en primera instancia se definen los conceptos de concordia y democracia, otorgándoles su papel como elementos fundamentales para generar el ambiente necesario para el funcionamiento del modelo de desarrollo. Posteriormente, la concordia nacional y la democracia como valor universal se vinculan con las condiciones, medios y fines del modelo, para que a través de ello se fortalezca y nutra gradualmente el desarrollo humano sustentable. Finalmente, y reconociendo que el desarrollo humano sustentable requiere de la participación de todos los actores de la sociedad, la última sección de este capítulo plantea una invitación a todas y todos los mexicanos a trabajar a favor del desarrollo humano sustentable, cada uno, desde su ámbito de acción.

IV.1 Concordia nacional y democracia como valor universal

Pensar el futuro implica reconocer y apreciar los logros y metas alcanzados durante los doscientos años desde el inicio de la lucha por la Independencia nacional y los cien años de la Revolución mexicana, pero igualmente importante, implica diseñar nuevas propuestas que fortalezcan el rumbo de prosperidad, paz y desarrollo nacional. Dichas propuestas no deben estar fundadas en la violencia y los enfrentamientos, sino por el contrario; la transformación política, económica y social que México necesita, debe cimentarse en la concordia y en el entendimiento común de que sólo al posicionar a la persona en el centro del proceso de desarrollo nacional, el país será capaz de atender con éxito, los retos presentes y futuros de la nación.

La necesidad de delinear un nuevo rumbo para México requiere del trabajo y la participación de cada uno de los ciudadanos que conforman el país; de esta manera, gobiernos, iniciativa privada y sociedad civil, estarán asumiendo un verdadero compromiso con el desarrollo nacional. La posibilidad de brindar a la ciudadanía el derecho natural de forjar el camino de su propio bienestar, está incluida en la democracia, por ser el sistema político capaz de refrendar las libertades de la persona y extenderlas a lo largo del tiempo.

Así, la concordia y la democracia permiten fomentar un clima propicio para el florecimiento del desarrollo humano sustentable en México, puesto que, como se expuso en el capítulo tercero, estos valores guardan un estrecho vínculo con los procesos de creación, implementación y retroalimentación de las políticas públicas que conforman el modelo. Cada uno de los procesos de este modelo se vale de la concordia y la democracia para optimizar su funcionamiento y proveer a la sociedad de un ambiente de armonía que facilite su búsqueda del bienestar.

La democracia coincide con el objetivo de ubicar a la persona al centro del proceso de desarrollo, al permitir el acceso y la participación activa de la sociedad en los cambios sociales, políticos y económicos del país. Esta bondad permite al modelo alcanzar, de manera gradual, mayores estados de desarrollo humano y sustentable por medio del proceso de retroalimentación. La concordia por su parte, como un elemento deseable dentro de un régimen democrático, representa la posibilidad de transformar a las confrontaciones políticas e ideológicas, en discusiones constructivas con un mayor contenido sustantivo para aprovechar la riqueza que surge de las diferencias, en contraposición con la inmovilidad de los procesos que genera la discordia. El diálogo en la concordia permite privilegiar el interés supremo expresado en el bienestar de la ciudadanía, por encima de cualquier otro interés particular. Al optar por la preservación de un clima de empatía y respeto, es más sencillo avanzar de manera coordinada en la planeación y puesta en marcha de las transformaciones que requiere el país.

A continuación se definen brevemente los conceptos de concordia nacional y democracia como valor universal, a la luz de su importancia dentro del contexto nacional para impulsar el modelo para el desarrollo humano sustentable en México.

La concordia nacional

La esperanza de un mejor futuro, en el que se vean materializados los sueños de bienestar de millones de mexicanos, impulsa a la sociedad a trabajar en la generación de acciones y estrategias que permitan combatir la pobreza, la inseguridad, las violaciones a los derechos humanos y la devastación ambiental; sin embargo, este trabajo coordinado implica grandes dificultades. Cuando las diferencias en términos políticos, económicos, culturales, sociales, ideológicos y geográficos, se suman a la indiferencia, la apatía y la falta de voluntad por parte de actores de diversos ámbitos de la sociedad, el logro de los acuerdos necesarios para el desarrollo humano sustentable se ve obstaculizado.

Lo anterior, evidencia la importancia de un clima de concordia para encontrar, pese a estas discrepancias, los consensos necesarios para vencer la parálisis y avanzar hacia estados superiores del desarrollo humano sustentable. La concordia se refiere al reconocimiento del prójimo como complemento y cómplice en la construcción de un mejor país, es decir, representa la convivencia civil en favor del bienestar común. En este sentido, Aristóteles señala que la concordia tiene cierta relación con la amistad al afirmar que

> […] no basta, para que haya concordia, que los dos partidos piensen de la misma manera sobre un objeto dado, cualquiera que él sea. Es preciso además, que tengan la misma opinión en las mismas circunstancias […] La concordia se convierte en cierta manera en una amistad civil, porque comprende entonces los intereses comunes y todas las necesidades de la vida social.[1]

De esta manera, a pesar de que los medios propuestos para alcanzar el desarrollo no sean exactamente iguales entre los ciudadanos, es indispensable coincidir en los mismos

[1] Aristóteles, *Ética a Nicómaco*, Alianza Editorial, Madrid, 2008, p. 271.

fines: en la necesidad de abatir la desigualdad, asegurar el pleno respeto a los derechos humanos, erradicar la violencia de las calles, mejorar los entornos públicos con planes respecto al medio ambiente y en general, en elevar la calidad de vida de todos los mexicanos, especialmente de los más vulnerables. Por lo tanto, la centralidad de la persona como sujeto y objeto del desarrollo nacional, se refrenda como la brújula que debe guiar cada uno de los esfuerzos públicos y privados por asegurar el bienestar común.

Spinoza por su parte se refiere a la concordia como la unión de los ánimos entre los ciudadanos para alcanzar la paz y la seguridad, siendo éstas las finalidades últimas del Estado. Asimismo indica que la convivencia en concordia y el respeto pleno a los derechos de las personas, representan la situación más adecuada que el Estado debe garantizar.[2] De la misma forma, señala que, "si la naturaleza humana estuviese constituida de suerte que los hombres desearan con más vehemencia lo que les es más útil, no haría falta ningún arte para lograr la concordia y la fidelidad. Pero, como la naturaleza humana está conformada de modo muy distinto, hay que organizar de tal forma el Estado, que todos, tanto los que gobiernan como los que son gobernados [...] hagan lo que exige el bienestar común".[3]

Esta reflexión conduce a reconocer que todos los asuntos que atañen al bienestar común, deben ser abordados por los ciudadanos con una actitud positiva y proactiva, apelando a los valores de empatía, respeto y solidaridad que deben caracterizar a todos los actores de nuestra sociedad. Aristóteles afirma que esta actitud es propia de los *hombres buenos*, al ser quienes están dispuestos a sacrificar los intereses propios a cambio del bienestar social:

> [...] una tal concordia se da entre los hombres buenos, pues estos están de acuerdo consigo mismos y entre sí, ya que permanecen en los mismos principios [...] la voluntad de hombres así permanece estable y no cambia como el flujo y reflujo de un estrecho; desean las cosas justas y convenientes y aspiran a ellas en común.[4]

Esta concordia, descrita como una amistad civil guiada por la bondad de las personas, es el valor que debe impregnar cada ámbito de la sociedad y con ello, el comportamiento

---

[2] Spinoza, Baruch, *Tratado político*, Alianza Editorial, Madrid, 2004, p. 127.
[3] *Ibidem*, p. 132.
[4] Aristóteles, 2008, *op. cit.*, p. 272.

de los ciudadanos para que, guiados por un profundo compromiso con México, sea posible resolver los problemas antiguos y recientes que tanto han lastimado a la sociedad. Esta concordia implica que la sociedad sea capaz de anteponer una visión de futuro positivo antes que la coincidencia de estrategias para su obtención, por lo que resulta fundamental que las personas asuman plenamente su responsabilidad y trabajen unidas para abatir las situaciones negativas que prevalecen en el país.

En este sentido, resulta importante reflexionar sobre la forma en que este valor es concebido en México. La *Primera encuesta nacional sobre la discordia y la concordia entre los mexicanos*,[5] realizada por Consultores en Investigación y Comunicación (CINCO), arroja datos reveladores sobre la forma en que los mexicanos perciben el valor de la *concordia* y su importancia para detonar los cambios que el país necesita. De acuerdo con el estudio, el 55 por ciento de los encuestados asocian el término "concordia" con la capacidad para establecer acuerdos y vivir en armonía, mientras que el 30 por ciento desconoce su significado. Asimismo, los mexicanos opinan que es en la familia, donde prevalece un mayor nivel de concordia, al otorgarle una calificación de 8, en una escala del 1 al 10; en tanto que el ámbito que presenta el menor nivel de concordia con una calificación de 4.6, es el de la política mexicana.

Asimismo, la encuesta evidencia un rechazo generalizado a la violencia; ya que alrededor del 97 por ciento de los encuestados está en contra de los enfrentamientos físicos y verbales. De la misma forma, las peleas y tomas de tribunas en las Cámaras de Diputados y Senadores se posicionan, con un 28 por ciento, como el comportamiento político que más provoca indignación entre la ciudadanía, seguido por el incumplimiento de promesas y la corrupción con 16 y 12 por ciento respectivamente. Además, el 52 por ciento de los encuestados señala que el país se encuentra estancado debido a que los políticos no logran alcanzar acuerdos.

Otro importante indicador sobre la valoración de la concordia en la política, consiste en que el 73 por ciento de la muestra la considera "muy necesaria" para los temas de disminución de violencia y enfrentamientos, y para la solución de los problemas del país mayor seguridad pública y avance en la legislación de leyes. Los datos arrojados por

---

[5] Realizada por Consultores en Investigación y Comunicación (CINCO) y publicada por la Revista *Nexos* en diciembre de 2008.

esta encuesta, muestran el alto valor que la población mexicana otorga a la concordia como la llave para enfrentar los retos del país y abrir paso a mayores niveles de bienestar.

Aunque los resultados muestran que la ciudadanía valora la concordia como necesaria y reprueba ciertas actitudes de su clase política, la encuesta también evidencia que una parte de la población reproduce comportamientos y actitudes que alejan a la sociedad de un clima de concordia. De acuerdo con el sondeo, el 50 por ciento de los encuestados no estaría dispuesto a casarse con una persona con ideas políticas distintas a las suyas, mientras que el 26 por ciento ni siquiera hablaría con ella. De igual forma, cerca de un tercio de la muestra considera que cuando un político es conciliador, pierde liderazgo y traiciona sus convicciones.

Estos datos indican que, aunque la concordia es un valor deseado entre la población, aún no se encuentra totalmente arraigada entre la población. Los mexicanos anhelan un clima de concordia y armonía en la sociedad, por lo que reprueban los enfrentamientos políticos y las violaciones al Estado de derecho; sin embargo, en ocasiones prefieren sacrificar esta concordia si para alcanzarla es necesario llevar a cabo el sacrificio de algunos de sus intereses.

Esta incapacidad para lograr acuerdos y por ende, solucionar las problemáticas del país, se debe, entre otros aspectos, a la discordia y apatía que aún privan entre la población. No es suficiente mostrar la inconformidad por el estado actual de las cosas si no se llevan a cabo acciones al respecto; se requiere una participación activa y una actitud positiva hacia el cambio y la conciliación para consolidar el desarrollo. Sólo cuando la concordia logre fortalecerse entre la población, la democracia tendrá la oportunidad de ofrecer la certeza necesaria para cerrar el círculo del desarrollo mediante un marco normativo claro y transparente.

El valor universal de la democracia

La posibilidad de hacer partícipes a todos los integrantes de la sociedad en el esfuerzo por consolidar el desarrollo humano sustentable y con ello, legitimar las acciones que se realizan en esta dirección, se encuentra encarnada en la democracia. Este régimen de gobierno cumple con su función de brindar vitalidad y fortaleza al proceso de desarrollo, al motivar la retroalimentación y perfeccionamiento de las condiciones, medios y fines del modelo; por ello constituye una de las piedras angulares del desarrollo humano sustentable y resulta indispensable, en su comprensión y aplicación, en todos los niveles de gobierno y los ámbitos sociales.

La democracia no sólo constituye un régimen de gobierno, sino que su influencia es mucho mayor, pues representa un valor universal y juega un importante papel para el desarrollo de la humanidad. En este apartado se destacan algunas características que la componen y la perfilan como un determinante indiscutible del desarrollo. En este contexto, Schumpeter define a la democracia como "un arreglo institucional que tiene como propósito llegar a decisiones políticas, y en donde los individuos adquieren tal poder por medio de una competencia en donde las mayorías deciden".[6] Por su parte John Stuart Mill la define como "una participación en el voto tiene un gran valor educativo; mediante la discusión política el obrero [...], logra comprender la relación entre los acontecimientos lejanos y su interés personal, establecer vínculos con ciudadanos diferentes de aquellos con los que trata cotidianamente y volverse un miembro consciente de una comunidad".[7] Estas aproximaciones, indican que la democracia no solamente permite ejercer el poder ciudadano mediante el voto, sino que, además, acerca a las personas entre sí y les permite adquirir un sentido de pertenencia y responsabilidad en sociedad, que se traduce en una mayor participación en la búsqueda del bienestar.

Bobbio define a la democracia como la elección de un grupo de individuos sobre una decisión,[8] mientras que Sartori la califica como una forma de elección opuesta a la aristocracia, ya que una mayor cantidad de individuos provenientes de diferentes estratos y con diferencias notables en su cultura, educación, pasado y condición, pueden tomar parte en las elecciones.[9]

Finalmente, Rawls sugiere que los principios sobre los que es estructurada la justicia social son particularmente compatibles con la forma de gobierno conocida como democracia constitucional. El autor enfatiza en lo que llama principio de participación

---

[6] Schumpeter, Joseph, *Capitalism, Socialism and Democracy*, Routledge, 1994, p. 269.

[7] Stuart Mill, John, "Considerations on Representative Government", en Kegan, Paul (comp.), *Collected Papers of John Stuart Mill*, University of Toronto Press, vol. XX, Londres, 1977, p. 406, citado en Bobbio, Norberto, *El Futuro de la Democracia*, Fondo de Cultura Económica (FCE), México, 2005, p 39.

[8] Bobbio, Norberto, 2005, *op. cit.*, p. 24.

[9] Sartori, Giovanni, *¿Qué es la democracia?*, Taurus, España, 2003, pp. 351-353.

igualitaria, lo que significa que todos los ciudadanos tienen el mismo derecho a tomar parte y a determinar el resultado del proceso legal y político; precisa que esto incluye la estipulación de "un ciudadano-un voto", y la seguridad de que las elecciones son justas, libres y regulares. Rawls, además, agrega que el principio de participación igualitaria incluye el derecho de todos los ciudadanos a postularse para cargos públicos.[10]

La democracia en este contexto, no se refiere exclusivamente a la posibilidad que tienen los ciudadanos de ejercer libremente su voto o postularse para cargos públicos; es por el contrario, una cultura que abarca todos los ámbitos de la vida en sociedad y aglutina una serie de comportamientos, normas y actitudes que brindan un marco de acción. Esto significa que un sistema democrático se consolida cuando se dan cambios en al menos tres dimensiones: *1)* a nivel de la conducta, cuando ya no hay ningún grupo importante que se proponga sustituir al régimen democrático por otro de naturaleza distinta; *2)* en términos de actitud, cuando de cara a crisis severas, como las económicas o políticas, la mayoría de la ciudadanía considera que la solución se debe buscar dentro y no fuera de los parámetros democráticos; y *3)* en términos constitucionales, cuando la mayoría de los actores políticos se han habituado al hecho de que los conflictos políticos se deben resolver dentro de las normas vigentes, pues de lo contrario la pretendida solución no sólo será muy costosa, sino inefectiva.[11] Esta noción implica que la sociedad adopte una cultura democrática en todos los aspectos de su vida, es decir, que la persona asuma su responsabilidad como agente de cambio y que al mismo tiempo, respete las decisiones de la mayoría, generando con ello, un clima de concordia.

Además, una democracia consolidada debe ofrecer instituciones capaces de darle una vigencia perenne y mejorarla en todo momento. En este sentido, Robert Dahl entiende la democracia como la posibilidad de tener autonomía moral y responsabilidad, debido a que:

> […] cualquier ser humano es mejor persona por tener la oportunidad y habilidad de reflejar el valor relativo, el deseo o la bondad de las opciones que enfrenta, y entonces

[10] Rawls, John, *Teoría de la Justicia,* Fondo de Cultura Económica (FCE), México, 2006.
[11] Linz, Juan y Stepan, Alfred, *Problems of Democratic Transition and Consolidation. Southern Europe, South America, and Post-Communist Europe,* The Johns Hopkins University Press, Estados Unidos, 1996, pp. 6-7.

actuar responsablemente para hacer lo que le parezca mejor. Algunas elecciones importantes —elecciones colectivas en particular— se toman mejor cuando se consulta a otras personas involucradas y de acuerdo con los principios de una toma de decisiones colectiva. La democracia es el único sistema político que puede resolver completamente esta prueba, incluso aunque en la práctica falle a menudo.[12]

Del mismo modo, indica que existen cinco instituciones necesarias para que un país se considere democrático:[13]

- *Gobernantes electos.* Control sobre las decisiones del gobierno, en relación a la política del país, de manera que los gobernantes sean representativos.
- *Elecciones libres, justas y frecuentes.* Los gobernantes deben ser elegidos en contiendas justas y frecuentes en las cuales la coerción sea inexistente.
- *Libertad de expresión.* Los ciudadanos tienen derecho a expresarse libremente sin el temor de correr riesgos sobre castigos políticos, incluyendo la crítica de los gobernantes, del régimen, del orden socioeconómico y de la ideología prevaleciente.
- *Acceso a fuentes de información alternativas.* Los ciudadanos tienen derecho a buscar fuentes de información alternativas y recursos independientes.
- *Autonomía de asociación.* Para hacer valer sus derechos, incluyendo aquellos que requieren una operación efectiva de las instituciones democráticas, los ciudadanos también tienen derecho a formar asociaciones u organizaciones independientes.

Como se aprecia, la democracia es más que un simple sistema político en el que las elecciones se llevan a cabo de forma ordenada y en el que los gobernantes son elegidos por la ciudadanía, por lo que es necesario establecer y fortalecer las instituciones que

---

[12] Dahl, Robert, "Justifying democracy", *Society*, vol. 35, núm. 2, Academic Research Library, Estados Unidos, 1998, p. 389.

[13] Dahl, Robert, "What Political Institutions Does Large-Scale Democracy Require?", *Political Science Quarterly*, 120, núm. 2, Estados Unidos, 2005, pp. 187-188.

garanticen la permanencia de los sistemas democráticos desde la sociedad y el gobierno.[14] Una vez que se ha realizado esta aproximación al concepto de democracia, es necesario justificar su carácter como un valor universal. De acuerdo con Sen, un valor es universal, no lo es en tanto exista un consenso generalizado de que lo es, sino en tanto que su aplicación universal resulte positiva para todas las personas y en tanto otorgue sentido al cuerpo social. Para Amartya Sen, "Aunque la democracia no se ha llevado a la práctica universalmente ni ha sido uniformemente aceptada, la forma de gobierno democrática es considerada en la actualidad, dentro del clima general de la opinión internacional, como la correcta".[15]

La concepción de la democracia como un valor universal no parte de un mérito único, sino de una pluralidad de virtudes propias de la democracia que la acercan a ese estado de valor universal. La democracia posee un valor intrínseco que representa una parte fundamental de la libertad humana, al garantizar los derechos civiles y políticos de las personas; asimismo, posee un valor instrumental, al garantizar a los pueblos la expresión de sus demandas y la exigencia de una atención política adecuada; y finalmente, la democracia posee una importancia constructiva, al ofrecer a los seres humanos la oportunidad de aprender unos de otros y de ayudar a la sociedad en la formación de sus valores y prioridades.[16] La universalidad de un valor, en este caso de la democracia, requiere un supuesto fundamental claramente planteado por Sen:

> Cualquier afirmación de la universalidad de un valor presupone cierto análisis contrafactual, en concreto, la posibilidad de que la gente perciba cierto valor en dicha afirmación que hasta entonces no habían considerado detenidamente. Todas las afirmaciones de la universalidad de un valor —no sólo de la democracia— implican este presupuesto.[17]

Si el término *contrafactual* es atribuido a cualquier evento que no se ha detectado

---

[14] Asimismo, es importante hacer notar que algunos de estos supuestos no se cumplen de forma completa en México, lo cual no implica que la democracia no exista en el país, simplemente indican que esta democracia requiere fortalecerse en el país.

[15] Sen, Amartya, "La democracia como valor universal", *Revista Istor*, año I, núm. 4, 2001, p. 13.

[16] *Ibidem*, pp. 19-20.

[17] *Ibidem*, p. 22.

por la investigación humana, aunque pudiera haber ocurrido, la democracia alcanza efectivamente la denominación de valor universal debido a que además de ser un régimen de gobierno, es también un protector de la población más vulnerable, al brindarle una voz política y la garantía que ofrece el respeto a sus libertades civiles. A través de la democracia, la población adquiere la certeza y la libertad de elegir a sus gobernantes cuando el régimen prevaleciente no satisface sus necesidades básicas y sus expectativas.

Amartya Sen afirma que el acontecimiento más relevante del siglo xx es el ascenso de la democracia y su posicionamiento como valor universal. No obstante, México goza de un régimen democrático, aún existen al menos tres grandes retos con respecto a la consolidación de la democracia: 1) un proceso de firme establecimiento y adaptación de las estructuras democráticas y relaciones entre el régimen y la sociedad civil, que permitan que el régimen democrático gane autonomía y legitimidad,[18] 2) hacer que la democracia ofrezca oportunidades de desarrollo a los que menos tienen; y 3) lograr que la democracia se consolide en la sociedad como un valor universal, asentando en cada ámbito una cultura democrática.

Sólo por su reconocimiento como valor universal, es evidente que el desarrollo y la democracia están estrechamente vinculados y que se complementan mutuamente. Este vínculo obedece a que el desarrollo no tiene otra finalidad que la de satisfacer las necesidades de cada persona y no existe una forma de gobierno que se relacione de forma más estrechamente con el pleno desarrollo de las personas que la democracia.

Pero, ¿se requiere de la concordia nacional y del valor universal de la democracia para lograr el desarrollo humano sustentable en México? La respuesta es sí, principalmente porque son elementos idóneos de cohesión social, que fomentan el pluralismo, inhiben el sectarismo y facilitan la identificación de necesidades individuales y colectivas. En resumen, la concordia y la democracia son capaces de mantener unidos a los pueblos y sentar las bases para su desarrollo en el corto, mediano y largo plazo.

A lo largo del capítulo I, se definieron y describieron las condiciones, los me-

---

[18] Cansino, César, "Consolidación democrática y reforma del Estado en América Latina", en Salinas, Darío (Coord.), *Problemas y perspectivas de la democracia en América Latina,* Triana Editores, México, 1997, p.22.

dios y los fines del desarrollo humano sustentable, sin hacer mayor énfasis en el papel que juegan la concordia y la democracia en el proceso de desarrollo. Por este motivo, la siguiente sección detalla la relación existente entre las condiciones, los medios y los fines del desarrollo humano sustentable, con la concordia nacional y el valor universal de la democracia, vistos ahora, como ese ambiente propicio para el desarrollo de México.

IV.2 Concordia y democracia para el desarrollo humano sustentable

La concepción del desarrollo ha sido abordada desde distintos ángulos a nivel mundial, algunos de los cuales han prescindido de la democracia o la concordia para obtener mayores niveles de progreso. Sin embargo, como se ha señalado previamente, un desarrollo integral debe estar fundado en la centralidad de la persona y en los consensos ciudadanos para constituirse como una alternativa viable y sustentable en el largo plazo. Por este motivo, a pesar de que un Estado alejado de la democracia pueda alcanzar ciertos niveles de crecimiento económico, este crecimiento se dará de manera distorsionada, debido a que el proceso estará restando importancia a la opinión ciudadana, que es en última instancia, el mejor indicador de las necesidades de la sociedad. Asimismo, un clima de discordia inhibirá el proceso de desarrollo, al dificultar el arribo de los acuerdos necesarios para consolidar mayores niveles de bienestar.

Por el contrario, cuando la concordia nacional y el valor universal de la democracia se constituyen como una atmósfera capaz de proteger y garantizar el proceso de desarrollo, la materialización de las condiciones, medios y fines, así como la subsecuente retroalimentación del desarrollo humano sustentable, se darán de forma adecuada. Esta relación se ve reflejada en la figura IV.1.

Figura IV.1 Concordia, democracia y desarrollo humano sustentable

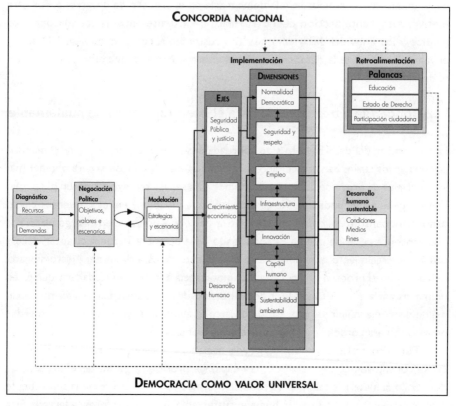

Fuente: Elaboración propia.

Esta atmósfera, integrada por la concordia nacional y el valor universal de la democracia, permite que las políticas públicas encuentren, desde el inicio de su construcción y a lo largo de su implementación, un entorno adecuado para garantizar mayores niveles de desarrollo a la sociedad. Así, el desarrollo se dará a través del mejoramiento gradual y progresivo de las condiciones, los medios y los fines del DHS; de ahí la importancia de analizar su relación con la concordia nacional y el valor universal de la democracia.

Condiciones

Como se mencionó previamente, las condiciones constituyen la base y la protección de los medios y los fines del desarrollo humano sustentable. Estas condiciones, representadas por la equidad, la seguridad, el reconocimiento y protección de los derechos humanos, el reconocimiento de la persona como agente del cambio en el proceso de desarrollo y la erradicación de la discriminación, guardan una singular relación con la concordia y con el valor universal de la democracia. Esto se debe a que en un ambiente democrático en el que la sociedad vigile el funcionamiento de las instituciones y el comportamiento de los actores públicos, es menos probable que se presenten arbitrariedades en el uso de los recursos públicos, en el trato hacia las personas y en el uso de recursos naturales, entre otros aspectos; con ello se garantiza que la sociedad reciba del Estado las condiciones necesarias para detonar el proceso de desarrollo. En consecuencia, cuando las personas logran cubrir sus necesidades básicas y gozan de un ambiente de equidad, seguridad y respeto a sus derechos, encontrarán más sencillo relacionarse de manera cordial con el resto de la ciudadanía y dedicar una mejor proporción de su tiempo a la participación en la vida política y a la toma de decisiones.

Con el objetivo de ampliar la descripción de esta relación de codependencia entre la concordia, la democracia y las condiciones del desarrollo humano sustentable; a continuación se analiza brevemente cada una de las condiciones en este contexto.

Equidad

La sociedad requiere de un ambiente de inclusión e integración que permita encontrar mayores niveles de convivencia y equidad social. En este sentido, la concordia nacional y el valor universal de la democracia nutren y fortalecen desde distintos ángulos los niveles de equidad que se presentan en la sociedad. La concordia despierta entre la ciudadanía la inquietud por conducirse de manera empática y respetuosa hacia sus semejantes, reconociendo en ellos su valor como personas y su capacidad para generar de manera coordinada, mayores oportunidades de desarrollo. Por su parte, el valor universal de la democracia, establece un entramado institucional capaz de garantizar que los ciudadanos adopten una conducta equitativa y solidaria hacia el resto de las personas.

Esta búsqueda de equidad se presenta a través de políticas públicas e iniciativas de ley que promueven, a nivel institucional y entre la ciudadanía, un ambiente de mayor concordia y respeto entre las personas. Dichas políticas deben abarcar distintos desafíos tales como la equidad de género, la igualdad de oportunidades, el respeto a las minorías étnicas y sociales, y la equidad intergeneracional, entre otros.

Cuando una parte de la sociedad queda excluida de las principales oportunidades de desarrollo como la educación, la salud, el empleo, las actividades recreativas y el financiamiento, o cuando los ciudadanos carecen del marco institucional necesario para garantizar sus derechos elementales, invariablemente disminuye la posibilidad de que se conviertan en los principales motores de su proceso de desarrollo y que intervengan, a su vez, en el destino del país. Por el contrario, cuando la concordia y la democracia rigen en la sociedad, estos valores garantizan que la ciudadanía oriente sus esfuerzos a favor de la equidad y la igualdad social para asegurar la consolidación del desarrollo humano sustentable.

Seguridad

La seguridad es una necesidad básica del ser humano y un bien colectivo que ocupa un importante lugar en la escala de valores de la población. Como lo describe el PNUD, la seguridad humana es relevante para los países pobres y ricos, considerando las múltiples y comunes amenazas a la población, tales como el desempleo, las adicciones, el crimen organizado, la contaminación y la violación a los derechos humanos.[19]

Asimismo, la seguridad mantiene una estrecha conexión con la concordia nacional y el valor universal de la democracia, en virtud de que dichos elementos son los únicos capaces de garantizar que las personas gocen de una vida cada vez más segura. La seguridad humana es más fácil de alcanzar si se practica una cultura de la prevención.[20] Por ejemplo, cuando un país es amenazado por el tráfico de drogas; no existen mejores mecanismos para erradicar este fenómeno que la prevención y la denuncia, las cuales presuponen un ambiente democrático en el que la población pueda expresar libremente los aspectos que le preocupan, permitiéndole con ello incidir en las políticas públicas nacionales.

[19] United Nations Development Program (UNDP), 1994, *op. cit.,* p. 22.
[20] *Idem.*

Del mismo modo, la seguridad humana aporta importantes elementos para que las personas se desarrollen y convivan en sociedad, para que eleven el grado de libertad con el que cuentan y decidir sobre sus alternativas, con seguridad accederán a las oportunidades ofrecidas por los programas sociales del gobierno y con ello prevalecerá un clima de paz y armonía en el lugar en el que se desenvuelven. Los grandes retos de una sociedad se combaten, en todos los casos, con la concordia representada por la convicción de que todos los ciudadanos procurarán el bien de la mayoría y de que sólo a través de la participación, se logrará arribar a un espacio más adecuado para la convivencia social.

En esta discusión, el Estado juega un papel fundamental en la procuración de la seguridad pública y social, aspectos primordiales en el ejercicio de un gobierno que busque el desarrollo humano sustentable. Sin embargo, si la sociedad se aparta del debate sobre las acciones concretas del gobierno respecto a la seguridad o cualquier otra de las condiciones, se corre el importante riesgo de permitir la presencia de un Estado excesivo o una anarquía, y ninguno de estos extremos es deseable. Cualquier medida para alcanzar la seguridad es más exitosa cuando cuenta con la participación de los ciudadanos y con un ambiente institucional seguro, fundado en el valor universal de la democracia.

La democracia aporta autonomía, jerarquía, recursos y competencias a las autoridades, así como los elementos necesarios para que puedan desempeñar plenamente sus funciones. Además, evita que se recurra a procedimientos irregulares para resolver procesos legislativos y que se menosprecien las instituciones formales del gobierno, garantizando con ello, que los elementos de la seguridad humana sean tangibles para la ciudadanía. La concordia por su parte, permite que los ciudadanos detecten y exijan mayores niveles de seguridad a las autoridades, trayendo con esto, estados más elevados de democracia y desarrollo, pues la seguridad garantiza mejores niveles de vida.

Reconocimiento y protección de los derechos humanos

De acuerdo con las Naciones Unidas, la democracia, el desarrollo y el respeto de los derechos y libertades fundamentales de las personas, son conceptos interdependientes que se refuerzan mutuamente. La democracia se basa en la voluntad del pueblo, libremente expresada, para determinar su propio régimen político, económico, social y cultural, y en su plena participación en todos los aspectos de la vida. En este contexto, la promoción y protección de los derechos humanos y de las libertades fundamentales en los planos nacional e internacional deben ser universales y llevarse a cabo de modo incondicional.[21]

La democracia facilita la práctica y el respeto de los derechos humanos, puesto que constituye el mejor régimen gubernamental en términos de libertad y respeto, al ofrecer por lo menos alguna mejora fundamental que no se había detectado como aportación en la vida de las personas. Dicha mejora es la seguridad de que, en caso de ser necesario, la sociedad tiene la opción de mejorar las condiciones sociales y económicas, al elegir libremente a los gobernantes que respondan de mejor manera a sus demandas. Cuando los derechos y libertades son respetados y promovidos en el largo plazo, la concordia se presenta automáticamente entre la sociedad. Esto se explica debido a que cuando las personas no ven amenazadas sus libertades fundamentales, es más sencillo alcanzar una visión compartida sobre las necesidades y limitaciones de la población, así como sobre las soluciones más adecuadas para los problemas prevalecientes. Por esto, concordia, democracia y derechos humanos, conforman un nodo fundamental para el funcionamiento de la sociedad y para sentar las bases de convivencia y respeto que permitan alcanzar el bienestar común en el largo plazo, sin dejar de satisfacer las necesidades del presente.

Reconocimiento de la persona como agente de cambio

El reconocimiento de la persona como agente de cambio en el proceso de desarrollo tiene una fuerte conexión con el valor universal de la democracia y la concordia nacional. María Zambrano afirma que la democracia se da en una sociedad cuando no sólo es permitido, sino exigido, el ser persona.[22] La palabra *individuo* se interpreta, algunas veces, como una oposición a la sociedad; la noción del individualismo se ha considerado como una posición cercana al egoísmo. En cambio, la palabra *persona* trae a la mente la noción de concordia.

La democracia incluye la noción de persona, y la persona requiere de concordia para serlo; por su parte, el término democracia es la "guía a la cual se acogen todos los

---

[21] Naciones Unidas, *Conferencia Mundial de Derechos Humanos: Declaración y Programa de Acción de Viena*, Naciones Unidas, Viena, 14 a 25 de junio de 1993.

[22] Zambrano, María, *Persona y democracia*, Anthropos, Barcelona, 1988, pp. 133-136.

regímenes que pretenden servir al hombre. Se constituye como una instancia ante la cual se justifican todos aquellos que quieren servir al progreso humano".[23] La persona participa en ella para obtener en cada momento mejores niveles de vida.

La democracia se encuentra en un estado más avanzado que cuando surgió como definición; en aquella época se hacía distinción entre ciudadanos y esclavos, y sin embargo, la democracia partía de las decisiones del pueblo. Actualmente, la democracia no distingue entre ciudadanos y esclavos, sólo contempla personas: humanos cordiales y participativos que buscan asegurar una vida mejor para ellos y sus contemporáneos, así como para las próximas generaciones. Zambrano hace referencia a la gran aportación de la democracia para la persona al contemplarla en su significado futuro:

> [...] ciertas palabras vigentes, no dicen en realidad lo que está contenido en su significación, sino mucho más. Están cargadas de sentidos diversos, cuya explicités depende del momento en que han sido usadas, de cómo y hasta de por quién. [...] justamente, el privilegio de algunas de esas palabras es que contienen un futuro aún no actualizado y cuya superación completa nos es todavía imposible vislumbrar. [...] una palabra que ha formado parte de otro conjunto de ideas es la palabra *Persona*; el hombre como persona, es una realidad que a través de la historia se ha ido descubriendo. Ser persona es lo propio de todo hombre previamente a su inclusión en una clase, y aún después de que se gobierne por el pueblo y para el pueblo [...].[24]

Con esta claridad sobre la importancia de la persona en el ámbito democrático, también se debe comprender que sólo la voluntad real de obtener un mejor nivel de vida, conseguirá que efectivamente las personas consoliden el desarrollo en cada etapa de la historia. Con el simple hecho de que la democracia comience a establecerse como valor universal y a extenderse como una práctica común en todos los ámbitos de la sociedad, las personas habrán logrado un importante avance en la consecución de mejores niveles de vida; sólo restará su organización y participación en su proceso de desarrollo. Esto es lo que propone el desarrollo humano sustentable.

[23] *Idem.*
[24] *Idem.*

Erradicación de la discriminación

La última condición del modelo es la erradicación de la discriminación. La concordia y la democracia juegan papeles preponderantes en el compromiso de las personas por tratar a sus semejantes con respeto. La visión del desarrollo humano sustentable asume a la concordia como esa luz constante que canaliza la atención en la centralidad de la persona, mientras que a la democracia la convierte en un principio de vida en sociedad que propicia el crecimiento económico, la reducción de las brechas sociales y el ejercicio pleno de los derechos de la ciudadanía.

La no discriminación es, en esta perspectiva, un punto de articulación de demandas que, desde distintos frentes, apunta a la construcción de la igualdad de oportunidades y libertades necesarias para el desarrollo.

La democracia juega un doble papel, el de objetivo esencial y el de instrumento para el desarrollo. Como objetivo esencial, busca consolidar un régimen en el que las demandas de las personas sean escuchadas y resueltas de forma adecuada, eliminando los tratos inequitativos o discriminatorios y garantizando las libertades necesarias para alcanzar un nivel adecuado de vida. La democracia, por otro lado, es un instrumento facilitador de libertades y de accesibilidad a las bondades de un desarrollo que permita a todos por igual acceder a las oportunidades de plena realización. Ninguna diferencia física, mental, ideológica o étnica puede justificar un trato inadecuado a las personas antes bien, debe en algunos casos garantizar un trato favorable para equiparar las oportunidades de estas personas con las del resto de la sociedad.

El gobierno y la iniciativa privada tienen ante sí el reto de brindar un trato equitativo a aquellos que durante mucho tiempo han padecido la discriminación. La sociedad por su parte, debe atender a la cita por conformar una sociedad más solidaria, humana y sustentable, reconociendo que la indiferencia hacia las minorías y las personas más vulnerables del país daña el tejido social de éste y la posibilidad de aprovechar las capacidades de todos los ciudadanos en la consolidación de un mejor futuro para las siguientes generaciones.

Como se observó en los capítulos primero y tercero , las condiciones facilitan el avance en la consolidación del desarrollo humano sustentable, y lo hacen en buena medida gracias a una situación de concordia y democracia que debe privar entre la sociedad.

Medios

La productividad, la competitividad y la cooperación son los medios que permiten impulsar, desde la esfera económica, un proceso de desarrollo basado en la persona; sin embargo, para que puedan ofrecer los beneficios supuestos por el desarrollo, es necesario que estos medios cuenten con un ambiente de concordia y democracia que, dentro del ámbito productivo, permita guiar todas las relaciones entre los ciudadanos y las organizaciones públicas y privadas, a fin de que confluyan hacia el bienestar común.

Por tanto, uno de los retos de México consiste, no sólo en incorporar aquellas propuestas ciudadanas vinculadas con el desarrollo nacional, sino además, en fortalecer una visión colectiva de largo plazo capaz de ofrecer mayor certeza a las expectativas económicas, sociales y políticas de la sociedad. Es indiscutible que se requiere de una esfera económica más productiva y competitiva que se valga de todos los agentes del mercado para mejorar el nivel de vida de los ciudadanos; no obstante, también es necesario que este avance económico se presente dentro de un ambiente cordial y ordenado en el que ningún miembro de la sociedad sea excluido. A continuación se analiza cada uno de los medios y su relación con la concordia nacional y el valor universal de la democracia.

Productividad

La relación entre la productividad, la concordia y la democracia constituye una cuestión fundamental para el desarrollo humano sustentable. En la esfera económica, la consolidación de una sociedad democrática no sólo implica el asentamiento de las bases institucionales necesarias para asegurar la transparencia en el ejercicio de los recursos públicos y privados, el respeto a la propiedad y el apego al Estado de derecho; además conlleva la potencialización de las capacidades de las personas, sin dejar de lado sus aspiraciones y el pleno respeto a sus derechos en el momento de buscar mayores niveles de productividad. Por ello, el incremento de la productividad no tiene por qué significar el sacrificio de las garantías de las personas; por el contrario, tanto las empresas como los gobiernos, deben procurar políticas que protejan los intereses de los trabajadores y que al mismo tiempo alienten su realización profesional. Así la productividad guarda una relación positiva con la consolidación democrática, al considerar que la transparencia, la rendición de cuentas y la participación, entre otros factores, permiten a los ciudadanos involucrarse con mayor libertad y confianza en los procesos productivos.

Además, la consolidación democrática facilita un equilibrio de fuerzas entre el sector público, las empresas y la sociedad, con el propósito de ofrecer un ambiente más productivo y competitivo, que permita repartir de mejor manera las bondades del desarrollo.

Las actividades económicas productivas generan empleos, que a su vez reducen los problemas sociales que aquejan al país; por este motivo, es fundamental que prevalezca un ambiente de concordia y democracia en el que cada uno de los actores de la sociedad centre sus esfuerzos en la búsqueda del bienestar. Este equilibrio de fuerzas implica que cada miembro de la sociedad que se encuentre inmerso en los procesos económicos, se conduzca con estricto apego al Estado de derecho, en un marco de concordia y respetando los derechos de sus contrapartes. En este sentido, la tarea del Estado estriba en asegurar que este equilibrio de fuerzas se logre y se mantenga a lo largo del tiempo.

Competitividad

La competitividad es la capacidad de una economía para generar, de manera sostenida, altos niveles de ingreso y empleo en un ambiente de competencia. Dentro de este ambiente, la democracia ofrece una serie de aspectos, tales como la garantía de que las actividades económicas no se verán afectadas por decisiones arbitrarias, el libre acceso a los mercados por parte de cualquier competidor capaz de ofrecer una alternativa para la sociedad y el cumplimiento de las reglas que han sido establecidas para la participación y la competencia dentro de los procesos productivos.

Asimismo, la democracia permite que las personas asuman su compromiso ciudadano de exigir a los gobiernos una desregulación adecuada, que elimine los procesos administrativos innecesarios que elevan los costos de las empresas brindando con esto una mayor competitividad a nivel nacional e internacional. Esta responsabilidad del gobierno por generar una mayor competitividad también debe ser compartida por el esfuerzo de otros sectores que cuentan con la capacidad de impulsar la innovación tecnológica y de dotar a las personas de las herramientas necesarias para desarrollarse en un mundo altamente competitivo, tales como el sector financiero y el educativo. El esfuerzo conjunto entre el gobierno y la iniciativa privada beneficia en última instancia a la población, al contribuir en la generación de una mayor gama de opciones de consumo, elevar el valor agregado de los bienes y servicios nacionales, aumentar la oferta laboral y beneficiar a la población a través del control de precios que genera la competencia.

Si la competitividad es una capacidad de las naciones para producir ingresos, y las naciones, como se ha argumentado a lo largo de esta obra, son sistemas que funcionan mediante flujos de información entre sus subsistemas, bien se puede decir que un elemento esencial que circula al interior de los sistemas e impregna de disposición a sus elementos, es la concordia. Adam Smith argumenta al respecto que:

> Cuando simpatizamos con los motivos de la gente, compartimos la gratitud de quienes advertimos que su conducta ha sido conforme a las reglas generales por las que esas dos simpatías usualmente actúan, y por último, cuando consideramos que tales actos forman parte de un sistema de conducta que tiende a fomentar la felicidad del individuo o de la sociedad, tal parece que deriva cierta belleza de esa utilidad, no muy distinta a la que atribuimos a cualquier máquina bien trazada.[25]

Por tanto, la competitividad no ha de considerarse como un fin en sí mismo, sino como un instrumento que facilita el acceso a una mejor calidad de vida, es decir, como un medio para alcanzar el desarrollo humano sustentable.

Cooperación

La cooperación se refiere al conjunto de acciones emprendidas en el interior de las naciones y entre ellas, por parte de actores de diversas índoles, con el objetivo de buscar un desarrollo económico, político, social, cultural y ambiental de manera compartida y sostenida a lo largo del tiempo.[26] Dicha cooperación requiere de la concordia para

---

[25] Smith, Adam, *La teoría de los sentimientos morales*, Fondo de Cultura Económica (FCE), México, 2004.
[26] Gómez Galán, Manuel y José Antonio Sanahuja, 1999, *op. cit.*

asegurar que las acciones implementadas en conjunto se orienten hacia el logro del bienestar común. Además, requiere de la democracia, para establecer las reglas que propicien un clima de igualdad, justicia y transparencia.

Por este motivo, la creación e implementación de políticas en un ambiente de cooperación, concordia y democracia permite que, de manera conjunta, los ciudadanos, empresarios y gobiernos, armonicen sus intereses, vigilen el cumplimiento de la ley y detecten y resuelvan las carencias que existen dentro del sistema. Del mismo modo, la cooperación no sólo implica el establecimiento de objetivos comunes, también requiere que las partes atiendan en todo momento su responsabilidad en la búsqueda de los objetivos pactados.

En la esfera internacional, la cooperación se encuentra estrechamente ligada con la posibilidad de que las naciones reenfoquen sus agendas, involucren a nuevos agentes sociales en el proceso del desarrollo y coloquen a la persona al centro de las políticas públicas, pues la persona requiere de la cooperación entre los países para tomar de ellos los elementos que, desde su punto de vista, contribuyen a su desarrollo integral y al fortalecimiento de su capital social a lo largo del tiempo.

Esta cooperación genera un ambiente de mayor concordia entre las naciones, ya que a través de ella se busca fortalecer y crear nuevos canales de comunicación, generando en el proceso beneficios para la sociedad. Por ello la concordia existe entre los Estados "cuando ésta recae sobre intereses generales, cuando se toma parte en ellos y cuando de concierto se ejecuta la resolución común. La concordia se aplica siempre a actos y entre estos actos, a los que tienen importancia y que pueden ser igualmente útiles a las dos partes y hasta a todos los ciudadanos."[27]

Así, la productividad, la competitividad y la cooperación aseguran el acceso a los objetivos del desarrollo humano sustentable al delinear el camino para acceder a mayores niveles de bienestar. La libertad y la sustentabilidad, como se ha argumentado previamente, no sólo representan los objetivos absolutos del desarrollo humano sustentable; además se constituyen como medios que contribuyen con el proceso de retroalimentación del infinito círculo virtuoso del desarrollo. A continuación se analiza los fines del modelo y la relación que guardan con la concordia y la democracia.

[27] Aristóteles, 2008, *op. cit.*

Fines

La libertad y la sustentabilidad representan las grandes aspiraciones del nuevo paradigma del desarrollo, ya que a través de ellas la sociedad puede materializar sus expectativas de vida. Como se mencionó en el capítulo primero, la libertad no sólo se refiere a la facultad del hombre para actuar de acuerdo a su propia voluntad; además supone la posibilidad de tener acceso a una serie de opciones políticas, económicas, sociales, culturales y de transparencia, que le brindan la garantía de que podrá elegir aquellas oportunidades que considere valiosas para su realización personal. Por este motivo, al mencionar la búsqueda de la libertad, el documento no supone que los ciudadanos no sean libres, antes bien, muestra que esta libertad puede alcanzar niveles más elevados que traigan consigo una mejor calidad de vida para las personas. De igual forma, la sustentabilidad representa un fin del desarrollo humano sustentable, al considerar que los frutos de un desarrollo fundado en la centralidad de la persona y alcanzado por medio de la participación ciudadana y el funcionamiento sistémico de la sociedad deben extenderse a lo largo del tiempo, favoreciendo tanto a las presentes, como a las futuras generaciones.

Al igual que las condiciones y los medios, los fines requieren de la concordia nacional y el valor universal de la democracia para su consolidación y para la retroalimentación del desarrollo humano sustentable. La libertad, entendida como el pleno ejercicio de las habilidades, cualidades y capacidades de la persona, también implica el respeto por los derechos y libertades de todos los miembros de la sociedad. La sustentabilidad por su parte, se refiere al valor cooperativo y filantrópico bajo el cual los seres humanos se preocupan porque sus actividades no impidan ni dificulten el bienestar de las futuras generaciones. Así, libertad y sustentabilidad, presuponen una concordia infinita y llena de responsabilidad democrática.

Libertad

La libertad y la democracia son conceptos interdependientes que garantizan el pleno ejercicio de las capacidades de elección y decisión, y aseguran la satisfacción de las necesidades humanas de manera justa y sin afectar a otras personas. La democracia implica una garantía a favor de la libertad, al ser la única forma de gobierno que permite a los ciudadanos elegir el camino para alcanzar su bienestar, apegándose siempre a unas reglas previamente establecidas. La democracia por tanto, no sólo respeta la libertad, sino que la promueve, la alienta y la garantiza.

Las ventajas de la democracia en términos de libertad son infinitas respecto a cualquier otra forma de gobierno, ya que en su estado más avanzado garantiza la libertad de asociarse, expresarse y participar activamente, a través de diversos canales, en los cambios políticos, económicos, sociales, culturales o ambientales, que desde el punto de vista ciudadano, representen un acceso a mayores niveles de satisfacción y bienestar. Estas libertades, sin embargo, encontrarán un límite natural en el respeto a los derechos del resto de las personas con quienes se convive en sociedad, coadyuvando así al establecimiento de un estado de concordia entre la ciudadanía.

Así, al asegurar el pleno respeto de los derechos y libertades por medio de la democracia, el proceso de desarrollo se presenta de manera más armónica, puesto que la sociedad cuenta con un ambiente de concordia en el que la ciudadanía respeta el Estado de derecho y las necesidades y aspiraciones de desarrollo del resto de la sociedad. De esta manera, la concordia permite que una persona respete los derechos de terceros con la convicción de que los derechos propios también serán respetados.

La libertad permite a las personas determinar quién habrá de gobernarlos, refrendando así, el carácter democrático del Estado, que por su parte establecerá los límites con los que la sociedad debe conducirse para tender hacia el bienestar común y generar un estado de concordia. La concordia, en este sentido, permitirá que las personas busquen en convivencia armónica nuevas vías para alcanzar un mayor desarrollo, ejerciendo así sus libertades. De esta manera, la libertad, la democracia y la concordia conforman una espiral ascendente en la búsqueda del desarrollo humano sustentable.

Sustentabilidad

Como se ha señalado previamente, el ámbito de acción de la sustentabilidad implica la capacidad de la sociedad para extender el bienestar de las personas en el corto, mediano y largo plazo por medio de la preservación y mejoramiento de los recursos y de las condiciones sociales, políticas, económicas o de cualquier índole que guarde alguna relación conceptual o real con el desarrollo. De esta forma, a continuación se describen algunos atributos que la concordia y la democracia poseen, para fomentar y fortalecer la sustentabilidad y con ello, lograr un mayor desarrollo humano sustentable.

La convivencia democrática tiene la virtud de sembrar entre la ciudadanía los valores y conductas que permiten reforzar la concordia y generar un ambiente adecuado para la convivencia en el largo plazo. Bajo este esquema de concordia y democracia, es factible garantizar que los acuerdos y las decisiones que se tomen en el presente, así como las formas en que la sociedad decida buscar su bienestar, respeten el derecho de las futuras generaciones a contar con los recursos necesarios para alcanzar un desarrollo, al menos tan bueno, como el que gozan las generaciones actuales.

El desafío de un modelo de desarrollo que integre y armonice los retos económicos, políticos y sociales, y que los proyecte hacia el largo plazo, requiere que las estructuras de gobierno y la ciudadanía trabajen en conjunto para abordar tal complejidad. En este sentido, la concordia nacional y el valor universal de la democracia adquieren una gran importancia al facilitar la existencia de un ambiente propicio para que la sociedad sea capaz de alcanzar acuerdos y generar políticas públicas que efectivamente beneficien a la sociedad.

La sustentabilidad es un tema que atañe a todos los sectores de la sociedad. Los medios de comunicación, las organizaciones civiles, las empresas, los partidos políticos, los entes de gobierno y la ciudadanía en general, deben preocuparse por consolidar una cultura en la que la democracia sea considerada como un valor universal y en el que la concordia facilite la convivencia social y el arribo a consensos orientados hacia el desarrollo. Así, la consolidación de un ambiente de concordia y democracia, constituye el mejor legado que la sociedad puede heredar a las siguientes generaciones.

Como se ha visto, la concordia nacional y el valor universal de la democracia brindan el ambiente propicio para que el modelo sea capaz de ofrecer mayores niveles de desarrollo a la sociedad. Lo anterior no significa que la ausencia de una democracia consolidada o de un ambiente de concordia plena impidan que el modelo obtenga avances en las condiciones, los medios y los fines del desarrollo humano sustentable; simplemente indica que estos avances verán limitado su alcance en el largo plazo y que la consolidación del desarrollo humano sustentable tendrá un paso más lento que aquel que les permitiría un sendero de desarrollo en el que prevalezcan la concordia y el valor universal de la democracia.

Idealmente, el funcionamiento del modelo para desarrollo humano sustentable en México funcionará de una forma más adecuada y ofrecerá resultados de mayor alcance en un ambiente caracterizado por la normalidad democrática y por la concordia social. Estos elementos constituyen así, el ambiente óptimo para que la sociedad y los gobiernos centren sus esfuerzos en la búsqueda de un desarrollo caracterizado por la importancia de la persona y la preocupación por que su bienestar se proyecte hacia el largo plazo; su presencia como parte de la atmósfera social, elimina la posibilidad de que elementos entrópicos obstaculicen la libertad de las personas en la búsqueda individual o colectiva, de un bienestar congruente con sus necesidades.

Una vez que han sido planteadas las características fundamentales del modelo sistémico para el desarrollo humano sustentable, su funcionamiento y el ambiente idóneo para que dicho modelo alcance resultados de forma acelerada y consistente resulta fundamental que dicho paradigma sea socializado, comprendido y aplicado. Esto debe ser entendido no sólo como un sendero que ofrezca la posibilidad de mayores niveles de bienestar para la sociedad a través de su participación plena, sino como una forma de pensamiento y concepción de la vida, a través de la cual sea posible valorar la importancia de que la sociedad constituya el motor mismo en la búsqueda de su bienestar y desarrollo, reconociendo la importancia de todos los elementos que componen el sistema social. Esta oportunidad es ofrecida a través de la última sección del libro, constituida como una invitación abierta a vivir y fomentar el desarrollo humano sustentable en México.

IV.3 Invitación, reflexiones para el futuro

Pensar el futuro de México implica la participación de todas las fuerzas políticas, económicas y sociales del país, así como de todos los mexicanos; esto sólo puede ser instrumentado con una auténtica reflexión sobre el futuro deseado, desde la autocrítica y desde la colaboración; desde el hogar de cada una de las personas de este país, a través de una preocupación genuina y un compromiso real por su desarrollo personal y el bienestar de todos. Esta participación y compromiso de la sociedad permitirá que las instituciones también sean redefinidas desde una reflexión democrática y cordial. Por este motivo, esta última sección invita al lector a la reflexión sobre el futuro deseado para el país.

El logro de mayores niveles de desarrollo para la sociedad mexicana sólo puede alcanzarse a través de la organización y planeación sistémica por parte de los ciudadanos, del compromiso y participación de cada una de las personas que integran el sistema llamado México y de la instrumentación de acciones enmarcadas en métodos avalados por la ciudadanía en un ambiente democrático y plural. Ésta es la solución gradual y compleja para avanzar como personas y como nación, en la obtención de mayores niveles de bienestar.

De la misma forma se lleva a cabo una invitación a la reflexión, a la responsabilidad de la persona como protagonista de su propio desarrollo y a la manifestación de las inquietudes y genuinas necesidades de las comunidades, para que puedan ser resueltas por parte de la sociedad y el gobierno de forma coordinada. Asimismo, es necesario hacer un llamado a la reflexión sobre el futuro deseado y la necesidad de socializar el concepto integral del desarrollo humano sustentable y por ende, la exigencia de sus resultados. Este es el objetivo de la presente sección.

La conformación de un país reconciliado con su pasado milenario, consciente de los retos del presente, pero fundamentalmente comprometido con la esperanza de un futuro mejor, sólo puede materializarse cuando cada miembro de la sociedad, desde su ámbito de acción, atienda el llamado de un México que hoy más que nunca, requiere de su esfuerzo y entrega para convertirlo en un lugar más libre, humano y sustentable, donde predomine el genuino interés por el desarrollo de las personas. Por este motivo, en esta última sección se retoman algunas de las reflexiones más importantes del libro, que sirven como argumento propositivo para invitar al lector a sumarse al esfuerzo por un desarrollo humano sustentable en México a través la concordia nacional y el valor universal de la democracia.

Esta invitación tiene el objetivo de promover entre los mexicanos la esperanza y la visión de un futuro justo, seguro, próspero y sustentable para las próximas generaciones. Exhortamos a la participación y la crítica, para contribuir en la creación de un país en el que millones de niños, jóvenes, madres, adultos mayores, profesionistas, empresarios, estudiantes, campesinos y cada miembro de la sociedad, alcance sus sueños.

Esta invitación a la reflexión también propone detonar un diálogo con quienes comparten la visión del desarrollo humano sustentable, pero más importante, con todos aquellos que piensan de forma diferente; es un llamado para sumarse a la acción y al esfuerzo conjunto para pensar el futuro de México, evitando el trabajo aislado. A través de esta sección se busca compartir la responsabilidad que implica soñar, generar ideas y tomar decisiones en el momento actual, bajo un marco de conciencia social que elimine la apatía y la indiferencia que tanto han dañado al país. Este apartado constituye así, la propuesta de un intercambio de ideas que dé lugar al afianzamiento del desarrollo humano sustentable a partir de la autocrítica y la comparación con el resto del mundo, aceptando y superando las deficiencias que aún tenemos como nación.

Nadie, especialmente quienes padecen adversidades, debe quedar fuera de este diálogo ni del debate sobre la forma en que se debe alcanzar el bienestar; nadie debe quedar fuera del acuerdo sobre la corresponsabilidad en el desarrollo de México. El desarrollo humano sustentable debe ser un instrumento de inclusión social que impulse a México hacia un futuro que ofrezca mayores beneficios, mayor educación, mejores empleos y mayor felicidad para los mexicanos en el siglo XXI.

Por este motivo, los apartados de esta sección buscan detonar la solidaridad del lector en la tarea de promover y fortalecer las condiciones, los medios y los fines del desarrollo humano sustentable. El llamado es a la reflexión, al diálogo y al acuerdo por México, sin importar el área profesional en que la persona se desempeñe, sus preferencias políticas o religiosas, su ubicación geográfica o su condición económica; la tarea consiste en pensar en el futuro y promover el bienestar, fomentar la concordia y vivir el valor universal de la democracia para promover el desarrollo humano sustentable en México.

En resumen, esta sección constituye una invitación a la reflexión y la acción por parte de la sociedad para sumarse a promoción del desarrollo humano sustentable, de la concordia y la democracia como valor universal.

¿Qué más nos puede mover a la concordia y a la democracia que la certeza de un México prospero, fuerte y sustentable? El país requiere nuevamente centrar los esfuerzos públicos y privados a favor de la persona y su desarrollo, requiere pensar y hablar sobre el futuro y requiere un desarrollo capaz de ofrecer sus beneficios a lo largo del tiempo: éste es el desarrollo humano sustentable.

El fomento del desarrollo humano sustentable

En los últimos dos siglos, México ha experimentado una serie de acontecimientos que lo ubicaron en una senda de modernidad y progreso y que construyeron los cimientos de la estructura institucional que actualmente posee. Sin embargo, a lo largo de este periodo, también se han sembrado las semillas de la apatía, el desinterés o el miedo de los ciudadanos por participar en las transformaciones políticas, económicas y sociales que el país requiere. Éste es uno de los mayores retos de la sociedad, pensar el futuro de México sin olvidar el pasado de este gran país; hacer valer los derechos y ratificar la dignidad e importancia de la persona en la búsqueda del desarrollo para alcanzar un mayor bienestar.

El llamado a esta generación consiste así, en consolidar la visión del desarrollo humano sustentable en México, garantizando con ello que las presentes y futuras generaciones cuenten con las oportunidades necesarias para elevar su nivel de vida. Por este motivo, esta obra llama a los mexicanos a dialogar e intercambiar ideas sobre el desarrollo de sus localidades y contagiar a cada uno de los municipios y estados, de este compromiso de cambio y de la esperanza por un mejor futuro.

Es necesario enfocar la mirada en el largo plazo, pero con la total y absoluta responsabilidad del presente; eso es la sustentabilidad, un tema que debe ser prioritario para todos. La convivencia sana y amistosa que se propone a través del desarrollo humano sustentable no es un asunto menor, tampoco es un aspecto sencillo de lograr; se requiere de la profunda convicción y determinación de todos. Para ello es necesario realizar algunos cambios e impulsar transformaciones a nivel económico, político, cultural y social.

Encauzar y fortalecer la visión del desarrollo humano sustentable en el país requiere además de la participación y compromiso de los actores políticos, ya que son ellos quienes representan los intereses ciudadanos a través de partidos políticos, sindicatos, congresos locales, gobiernos estatales, ayuntamientos, así como los Poderes de la Unión. Esta responsabilidad debe ser compartida con los demás miembros de la sociedad, principalmente con los actores que ostentan posiciones de liderazgo social, empresarial, académico, artístico y deportivo, entre otros.

La sociedad tiene el privilegio y el deber de *pensar el futuro* y los cambios que el país requiere. Apoyada en la concordia y la democracia como valor universal, debe asumir su responsabilidad histórica y generacional para impulsar los cambios que México necesita, los cambios que permitirán dar cauce al desarrollo humano sustentable. Ortega y Gasset hace referencia a esta responsabilidad generacional al indicar que:

> [...] cada generación representa una cierta actitud vital, desde la cual se siente la existencia de una manera determinada. Si tomamos en su conjunto la evolución de un pueblo, cada una de sus generaciones se nos presenta como un momento de vitalidad, como una pulsación de su potencia histórica. Y cada pulsación tiene una fisonomía peculiar, única; es un latido impermutable en la serie del pulso, como lo es cada nota en el desarrollo de una melodía.[28]

La generación del siglo XXI en México está llamada a ser la generación de la democracia y la concordia, a mostrar un profundo compromiso con México, a asumir una responsabilidad ineludible sobre el importante papel que cada persona debe cumplir en la consecución del desarrollo humano sustentable y a ofrecer un sentido compromiso con el futuro del país. Es preciso acallar el estruendo que generan la desorganización y la apatía y consolidar sin reserva la generación del desarrollo humano sustentable, haciéndola funcionar con esfuerzo y convicción.

Dicha generación debe trascender en la historia de México por su participación en el fortalecimiento del equilibrio social y por recibir las ideas, valores e instituciones, precedentes y dejar fluir su propia espontaneidad para transformar el país en un lugar mejor.[29] Es decir, el futuro está indivisiblemente ligado a los acuerdos y reformas que se logren en el presente para hacer viable la visión colectiva del desarrollo humano sustentable, a esto se debe la importancia de la participación ciudadana.

La creciente convivencia democrática de México, brinda la posibilidad de que todos los mexicanos puedan participar desde sus hogares, trabajos y escuelas por un futuro mejor. La visión del desarrollo humano sustentable vincula a los gobiernos locales, estatales y federal, con la sociedad civil y la iniciativa privada, esta es su fortaleza: unir a toda la sociedad sin distinción. La posibilidad de que México progrese y se desarrolle se encuentra en las manos y el quehacer diario de la sociedad. Cualquiera que sea la

---

[28] Ortega y Gasset, José, *El tema de nuestro tiempo*, Editorial Porrúa, México, 2005, pp. 7-8.
[29] *Ibidem*, p. 8.

posición ideológica, religiosa, profesional o geográfica de los mexicanos, es necesario que las aspiraciones se fijen en un sólo fin: el bienestar de las presentes generaciones y en un futuro aún mejor. El desarrollo humano sustentable brinda el espacio propicio para participar en la reducción de la pobreza, generar igualdad de oportunidades, abatir la delincuencia, promover los derechos humanos, elevar la competitividad y la productividad, cuidar el medio ambiente y ampliar las libertades de la sociedad.

La labor apenas comienza y existe mucho trabajo por hacer. El país requiere unidad para fortalecerse, necesita de todos los corazones que trabajan día a día por el México del futuro. Es por este motivo que se exhorta a los ciudadanos a pensar el futuro, a compartir y realizar este sueño de un mejor país.

Invitación a la concordia nacional

El presente apartado constituye una invitación a fomentar la concordia en todos los ámbitos del país, en la familia, el trabajo, la escuela y en las instituciones públicas del ámbito municipal, estatal y federal. La concordia representa el elemento espiritual que brinda cohesión a las intenciones de personas y familias en el entorno social. A través de ella, el desarrollo humano sustentable se fortalece y crece; se nutre día a día y genera sociedades más solidarias.

La concordia es un aspecto de la vida diaria que no se puede desatender en ningún momento, antes bien, debe alimentarse constantemente con el entendimiento y la paz. Por ello, es necesario que quienes diseñan y aprueban las políticas públicas de los municipios, los estados y el país, rescaten las virtudes y valores de la concordia nacional. Con esta confianza, no sólo se pueden afrontar con lucidez los problemas, ciertamente complejos y difíciles, del momento actual, sino también dirigir audazmente la mirada hacia el futuro, para contribuir con el desarrollo humano sustentable del país. Los desafíos que afronta un Estado democrático, exigen de todos los hombres y mujeres, independientemente de la opción política de cada uno, una cooperación solidaria y generosa en la construcción del bien de la nación, pero, esta cooperación no puede prescindir de la referencia a los valores éticos fundamentales de la naturaleza humana.[30]

---

[30] *Idem.*

La concordia es "[...] la situación favorable que se crea en una sociedad en tiempos de paz y estabilidad";[31] mientras que la discordia y el divisionismo conforman una entropía que no deja al sistema funcionar adecuadamente, obstaculiza los flujos de información, disuade la cooperación, apaga la esperanza de forma arbitraria, devora la claridad de ideas, confunde y entorpece a la sociedad.

Aurelio Prudencio advierte sobre la importancia de la concordia para la paz social y pública, así como sobre los perjuicios de la discordia. En su obra *Psychomachia* expresa la forma en que la discordia se puede mezclar en la sociedad e intentar destruir de tajo lo que a los pueblos les ha tomado años, décadas o siglos construir con tanto esfuerzo.

En el momento en que la Concordia, en medio de sus cerrados batallones y rodeada de su escolta, pone ya su pie dentro de las seguras murallas, recibe en su costado una traidora puñalada que le asesta un vicio agazapado. [...] Pues, batida la tropa de las culpas, la Discordia se había mezclado con nuestros batallones fingiendo la apariencia de aliada. Pero esconde el puñal debajo de la túnica y contra ti, Virtud suprema, contra ti sola entre tan gran número se dirige con traición funesta, mas no le fue posible perforar los órganos vitales de tu sagrado cuerpo sino que hiriendo la epidermis, solo en la superficie trazó un leve arroyuelo de sangre.[32]

Cuando Aurelio Prudencio advierte que la discordia ha venido de entre los caídos, agazapada con su túnica y su puñal, se refiere claramente a que nadie la ha visto entrar, a que nadie siquiera esperaba su presencia. Esto es normal, pues cuando la humanidad deja de preocuparse, los vicios del ocio irrumpen y atacan con fiereza, algunas veces sin dejar siquiera tiempo a reaccionar. Un pueblo ignorado, aletargado y sin información, puede ser, como lo demuestra la historia, persuadido fácilmente por la discordia.

Esta discordia puede estar presente en la sociedad mexicana sin ser percibida; actitudes como la apatía, la indiferencia, la discriminación, inseguridad, la violencia y la

---

[31] Moreno, José Luis, "Concordia y Paz en Aurelio Prudencio", *Anuario de historia de la Iglesia*, no. 3, 1994, p. 147.
[32] *Ibidem*, p. 157.

desinformación, entre otras, conforman un peligro latente que puede lastimar la nación a través de sus consecuencias: la criminalidad, la pobreza, el analfabetismo y demás aspectos nocivos a la sociedad y su desarrollo.

Por ello, es tiempo de que la sociedad en conjunto, busque las soluciones a los grandes problemas nacionales y alcance un acuerdo entre las fuerzas políticas, los empresarios y los trabajadores, a los patrones y los sindicatos, y a todos los mexicanos, a participar como aliados en la construcción de un mejor futuro; es tiempo de la paz, la concordia y la unidad para construir un país como el que todos los mexicanos queremos; ¡es tiempo de pensar el futuro de México y es tiempo de cambiar!

La concordia es el valor que llevará a la sociedad a atender la cita, pero no como un ente ajeno a la problemática, sino como partícipe y beneficiaria de esta gran tarea. En este sentido, es fundamental evitar que las diferencias frenen al país y que la desorganización represente un obstáculo para el progreso de México, porque "cuando hay concordia las pequeñas cosas crecen, pero cuando hay discordia, incluso las realidades más grandes van a la ruina".[33]

Vivir la democracia como valor universal

La democracia es una convicción y un valor que se debe seguir impulsando en México. La democracia ha surgido de la idea de que todos los hombres son iguales en cualquier aspecto, por lo que es preciso fortalecer esta convicción y continuar viviendo la democracia como valor universal.

Incluso, si los problemas que enfrenta la sociedad son complejos en su solución, la democracia debe seguir practicándose, puesto que la mayoría de los problemas sociales pueden resolverse a través de la democracia. Así, con el espíritu democrático, la sociedad habrá de enfrentar los retos del siglo XXI desde las comunidades más pequeñas del país, desde los distintos órdenes de gobierno y desde cualquier ámbito de acción en el que participen los ciudadanos.

En este sentido, la familia constituye el núcleo primordial de una sociedad, y es en su seno donde se aprenden y alimentan los valores de la democracia, la concordia

[33] Caius Sallustius Crispus.

y la participación ciudadana; el hogar es el primer lugar donde la persona aprende la importancia de responsabilizarse de su destino, y el de su comunidad. Por este motivo la democracia se debe fortalecer desde la familia, practicándose desde este nicho tan importante para el desarrollo y la reflexión sobre el futuro de todo país.

Los jóvenes también deben continuar impulsando la democracia, contagiándola entre la ciudadanía con toda su energía y amor por México. Los jóvenes tienen la virtud y la capacidad de tomar el destino del país en sus manos a través de la denuncia de injusticias e inequidades, aportando ideas frescas en las aulas y el trabajo, y aprovechando las oportunidades que México les ofrece. Por este motivo, resulta fundamental que los millones de jóvenes mexicanos continúen preparándose y contribuyan a la construcción del país.

Por su parte, la mujer es el eje más importante de la familia por representar la figura que brinda a los ciudadanos, desde temprana edad, las herramientas, la formación y los valores necesarios para forjar su propio desarrollo y convertirse en personas de bien. Su labor es fundamental para continuar fortaleciendo el capital social que eleva el desarrollo económico y humano del país. Las deportistas, las empresarias, las educadoras, las profesionistas, las amas de casa y todas las mujeres del país, deben continuar viviendo la democracia como valor universal, participando, aportando ideas e incursionando en la política; consolidándose así, como el motor de las transformaciones sociales, económicas, políticas y ambientales necesarias en México.

Asimismo, la invitación a vivir la democracia como valor universal se extiende hacia los profesores y formadores del país, para seguir fomentando, junto con los padres de familia, ese valor tan encomiable y fundamental. Con su ejemplo y vocación, los profesores siembran la semilla de la democracia en las futuras generaciones de mexicanos, ya que no sólo educan niños, sino también padres, abuelos y hermanos, puesto que los buenos hábitos y conocimientos que brindan a la infancia y juventud de México se reproducen a través del ejemplo en todas las familias del país. Los docentes y académicos del país son quienes después de los padres, en mayor medida influyen en la vida de los mexicanos desde muy temprana edad, convirtiendo a la democracia en un valor universal y a la concordia en una forma de vida.

Por su parte los líderes políticos, deportivos, religiosos, intelectuales, económicos y de opinión, también deben contribuir con su ejemplo de concordia y democracia para obtener mayores niveles de desarrollo y bienestar. Por ello, los partidos políticos deben alcanzar acuerdos capaces de fortalecer el tejido social y la ciudadanía.

La competencia en los tiempos electorales debe darse en la arena de las ideas y las propuestas, por lo que todos los miembros de los partidos políticos deben mantener una convicción en común: pensar el futuro de México para consolidar el bienestar de todos, ubicando a la persona al centro de cada acción del quehacer político.

De igual forma los empresarios pueden y deben fomentar desde sus ámbitos de competencia, la concordia y la democracia, promoviendo el desarrollo humano sustentable para acabar con la exclusión y la desigualdad, aprovechando sus capacidades para formar un frente de solidaridad y responsabilidad social y para delinear estrategias educativas y empresariales para la sociedad. Con proyectos empresariales productivos y socialmente responsables, es posible disminuir el número de personas que aún no alcanza los niveles de vida capaces de garantizar el bienestar social.

Asimismo, los medios de comunicación, la prensa escrita, la radio y la televisión, deben seguir con su labor como portadores y promotores de la democracia como valor universal, colaborando en la denuncia y sensibilización sobre las injusticias que se presenten en el país y, al mismo tiempo, estableciendo las pautas necesarias para impulsar la participación ciudadana.

Quizá esta generación, como todas, será apenas instrumento de fines superiores a los hombres. Aún así, es necesario llevar a cabo esta reflexión sobre el futuro y es preciso que esta labor sea realizada conscientemente para que se abra una puerta de esperanza para la obtención del desarrollo.

Esta generación de mexicanos está llamada a consolidar el valor universal de la democracia y a procurar un ambiente de concordia, ya que no existe valor más grande que la hermandad entre los hombres; una hermandad que vaya más allá del tiempo presente, al abrazar el compromiso con el bienestar de las generaciones que están por venir. La concordia y la democracia pueden sembrarse entre los mexicanos a través del desarrollo humano sustentable.

Unámonos en un esfuerzo superior, pensemos nuestro futuro y aceptemos la responsabilidad de formar parte de la nueva generación, la generación que conseguirá por medio de la paz, la unión y la esperanza, el desarrollo humano sustentable en México.

Bibliografía

Agosin, Manuel, David E. Blom y Eduardo Gitli, "Globalization, liberalization and sustainable human development: analytical perspectives", *occasional papers, United Nations Conference on Trade and Development of* UNDP, Estados Unidos, 2009, pp. 1-25.

Aguilar Cuevas, Magdalena, "Las tres Generaciones de los Derechos Humanos", *Derechos Humanos*, núm. 30, Comisión de los Derechos Humanos del Estado de México (CODHEM), México, 1998, pp. 93-102.

Ai Camp, Roderic, *La Política en México*, Siglo XXI Editores, México, 2000.

Alburquerque, Francisco, "Metodología para el desarrollo económico local", en Del Castillo, Jaime., Barroeta, B., Bayón, María y Cordero, E., *Manual de Desarrollo Local*, Gobierno Vasco, Vitoria-Gasteiz, 1994.

Amnistía Internacional, *Informe 2011: el estado de los derechos humanos en el mundo*, Amnistía Internacional, España, 2011.

Amos, Gabriela, "México Gran Visión", *Convención Nacional de Delegaciones de la Cámara Nacional de la Industria de la Transformación*, México, 2004.

Anand, Sudhir y Amartya Sen, *Sustainable Human Development: concepts and priorities*, United Nations Development Programme (UNDP), 1994, consulta: mayo de 2011 http://hdr.undp.org/docs/publications/ocational_papers/Oc8a.htm.

Aristóteles, *Ética a Nicómaco,* Alianza Editorial, Madrid, 2008.

———, *Obras selectas de Aristóteles. La poética-la política-metafísica,* Distal, 2007.

Arrupe, Olga Elena "Igualdad, diferencia y equidad en el ámbito de la educación", *Documento de trabajo,* Organización de Estados Iberoamericanos para la educación ciencia y cultura (OEI), Argentina, 2002, consulta: mayo de 2011 http://www.oei.es/equidad/Arrupe.PDF.

Aylwin, Patricio, "Los desafíos éticos del desarrollo", en Parker, Cristian (Ed.), *Ética, Democracia y Desarrollo Humano,* LOM Ediciones, CERC-UAHC, Santiago de Chile, 1998. Banco Interamericano de Desarrollo (BID), "BID crea fondo para preparar proyectos de infraestructura", *Página web del BID,* 25 de abril de 2006.

Banco Interamericano de Desarrollo (BID), *Desarrollo de Infraestructura en América Latina y México con la participación del sector privado,* Banco Interamericano de Desarrollo (BID), Estados Unidos, 2007.

Banco Mundial, *Gobernabilidad Democrática en México: más allá de la Captura del Estado y la Polarización Social,* Banco Mundial, México, 2007.

Banco Mundial, *Más allá del crecimiento económico,* The World Bank Group, Washington DC, consulta: mayo de 2011 http://www.worldbank.org/depweb/spanish/beyond/beg-sp.html.

———, *México 2006-2012: Creando las bases para un crecimiento equitativo,* Banco Mundial, México, 2007.

———, *Poverty in Mexico: An Assessment of Conditions, Trends, and Government Strategy,* Banco Mundial, Estados Unidos, 2004.

———, *World Development Indicators 2003,* World Bank, Washington, 2003.

———, *World Development Indicators 2004,* World Bank, Washington, 2004.

———, *World Development Indicators 2005,* World Bank, Washington, 2005.

———, *World Development Indicators 2006,* World Bank, Washington, 2006.

Barranco, Alberto, "¿Y el largo plazo?", *El Universal,* 21 de mayo de 2007, México, p. B5.

Bassols, Ángel, *México, Formación de Regiones Económicas,* UNAM, México, 1979.

Becker, Gary, "Human Capital, Effort and Sexual division of Labor", *Journal of Labor Economics,* Vol. 3, Núm. 1, Parte 2: Trends in Women's Work, Education and Family Building, Estados Unidos, 1985, p S33-S58.

Bertalanffy, Ludwig von, *Teoría General de los Sistemas: fundamentos, desarrollo, aplicaciones,* Fondo de Cultura Económica (FCE), México, 1976.

Bjørnstad, Roger, Marit L. Gjelsvik, Anna Godøy, Inger Holm and Nils Martin Stølen, *Demand and supply of labor by education towards 2030, Linking demographic and macroeconomic models for Norway*, Report 39/201 Statistics Norway, Noruega, 2010.

Bobbio, Norberto, *El Futuro de la Democracia*, Fondo de Cultura Económica (FCE), México, 2005.

Bourdieu, Pierre, "The Forms of Capital", en John Richardson (ed.), *Handbook of Theory and Research for the Sociology of Education*, Nueva York, 1986.

Cabrero, Enrique, "La agenda de las políticas públicas en el ámbito municipal: una visión introductoria", *Políticas públicas municipales. Una agenda en construcción*, CIDE-Miguel Ángel Porrúa, México, 2003.

————, *El premio gobierno y gestión local en México: un mecanismo de institucionalización de la innovación en gobiernos locales*, ponencia presentada en VII Congreso Internacional del CLAD sobre la Reforma del Estado y de la Administración Pública, Portugal, 8-11 Oct. 2002.

Cansino, César, "Consolidación democrática y reforma del Estado en América Latina", en Salinas, Darío (Coord.), *Problemas y perspectivas de la democracia en América Latina*, Triana Editores, México, 1997.

Carabias, Julia y Enrique Provencio, "La política ambiental mexicana antes y después de Río", en Alberto Glender y Víctor Lichtinger, *La Diplomacia Ambiental: México y la Conferencia de las Naciones Unidas sobre Medio Ambiente y Desarrollo*, Secretaría de Relaciones Exteriores y Fondo de Cultura Económica, México 1994.

Cassiolato, José Eduardo y Helena María Martín Lastres (ed.), *Globalización e Innovación Localizada: experiencias de sistemas locales en Mercosur*, IBICT, Brasilia, 1999.

Colle, Raymond. *¿Qué es la teoría cognitiva sistémica de la comunicación?*, Centro de Estudios Mediales, Universidad Diego Portales, Chile, 2002.

Comisión Económica para América Latina y el Caribe (CEPAL), *Descentralización y desarrollo económico local: una visión general del caso de México*, CEPAL, Santiago de Chile, 2000.

Comisión Económica para América Latina y el Caribe (CEPAL), *Equidad, desarrollo y ciudadanía*, Santiago de Chile, 2000.

Confederación Patronal de la República Mexicana (COPARMEX), *La inseguridad pública en México*, Centro de Estudios Económicos del Sector Privado, México, 2002.

Consejo Nacional de Ciencia y Tecnología (CONACYT), *Informe General del Estado de las Ciencia y la Tecnología México 2009*, CONACYT, México, 2009.

Consultores en Investigación y Comunicación (CINCO), *Primera encuesta nacional sobre la discordia y la concordia entre los mexicanos*, México, diciembre, 2008.

Cordera, Rolando y Carlos Javier Cabrera (Coord.), *Superación de la Pobreza y Universalización de la Política Social,* Universidad Autónoma de México (UNAM), México, 2005.

Cordera, Rolando, "Progresa y la experiencia mexicana contra la Pobreza", en *Alivio a la pobreza, análisis del Programa de Educación, Salud y Alimentación dentro de la política social: memoria del seminario,* Centro de Investigaciones y Estudios Superiores en Antropología Social (CIESAS), Programa de Educación, Salud y Alimentación (Progresa), México D.F., 1998.

Cruz, Carlos, Rodolfo de la Torre y César Velázquez (Comp.), *Evaluación externa de impacto del Programa Oportunidades 2001-2006,* Instituto Nacional de Salud Pública, México, 2006.

Dahl, Robert A., "Justifying democracy", *Society,* vol. 35, núm. 2, Academic Research Library, Estados Unidos, 1998, pp. 386-392.

—————., "What Political Institutions Does Large-Scale Democracy Require?", *Political Science Quarterly,* 120, núm. 2, Estados Unidos, 2005, pp. 187-188.

—————., *La democracia. Una guía para los ciudadanos,* Taurus, Madrid, 2005.

De Vylder, Stefan, *Sustainable Human Development and Macroeconomic Strategic Lines and Implications,* United Nations Development Programme (UNDP), Nueva York, 1995.

Delgadillo, Javier, Felipe Torres y José Gasca, "Distorsiones del Desarrollo Regional en México en la perspectiva de la globalización", *Momento Económico,* Instituto de Investigaciones Económicas, Universidad Nacional Autónoma de México (UNAM), núm. 115, México, 2001, pp. 30-44.

Descartes, René, *El Discurso del Método,* Ediciones Akal, España, 2007.

Dieterlen, Paulette, "Progresa y la atención a las necesidades básicas", en *Alivio a la pobreza, análisis del Programa de Educación, Salud y Alimentación dentro de la política social: memoria del seminario,* Centro de Investigaciones y Estudios Superiores en Antropología Social (CIESAS), Programa de Educación, Salud y Alimentación (Progresa), México D.F., 1998.

Elizondo Mayer-Serra, Carlos y Benito Nacif Hernández, "La lógica del cambio político en México", en *Lecturas sobre el cambio político en México,* Fondo de Cultura Económica (FCE), México, 2002.

Esquivel Hernández, Gerardo, Luis F. López Calva y Roberto Vélez Grajale, *Crecimiento económico, desarrollo humano y desigualdad regional en México 1950–2000,* PNUD, México, 2003.

Facultad Latinoamericana de las Ciencias Sociales (FLACSO) y Universidad Nacional Autónoma de México (UNAM), *Encuesta Nacional sobre Malestar Social 2002.*

Fernández Menéndez, Jorge, *El otro poder: las redes del narcotráfico, la política y la violencia en México,* Nuevo Siglo, México, 2001.

Ferrer, Juliana, Caterina Clemenza y Víctor Martín, "Etica y economía, factores de un desarrollo sustentable", *Revista Venezolana de Ciencias Sociales*, vol. 8, núm. 1, Cabimas, 2004, pp. 1-19.

Fondo Monetario Internacional (FMI), *Perspectivas económicas: Las Américas*, FMI, Washington, 2007.

————, *World Economic Outlook Database*, Abril 2011.

Franco, Augusto de, "¿Por qué precisamos de un Desarrollo Local Integrado y Sostenible?", *Instituciones y Desarrollo*, núm. 6, México, 2000, pp. 133-168.

Gabaldón, Arnoldo José, "Desarrollo sustentable y democracia", *Revista del CLAD Reforma y Democracia*, núm. 23, Caracas, 2002.

Galindo, Luis Miguel (Coord.), *La Economía del Cambio Climático en México, Síntesis*, Gobierno Federal, México, 2009.

Gell-Redman, Micah y Caren Kang, "Plenty of unfinished business: The United Nations, Civil Society, and Global Development", en *The public Policy Journal of the Cornell Institute for Public Affairs*, Vol. 10, Núm. 1, Fall 2006, Estados Unidos, 2006.

Glender, Alberto y Víctor Lichtinger (Ed.), *La Diplomacia Ambiental: México y la Conferencia de las Naciones Unidas sobre Medio Ambiente y Desarrollo*, Secretaría de Relaciones Exteriores y Fondo de Cultura Económica, México 1994.

Gómez Galán, Manuel y José Antonio Sanahuja, *El sistema internacional de cooperación al desarrollo: una aproximación a sus actores e instrumentos*, Centro de Comunicación, Investigación y Documentación Europa-América Latina (CIDEAL), Madrid, 1999.

González, Alfredo, "Los retos del desarrollo humano local en México", *Revista latinoamericana de Desarrollo Humano*, PNUD, 2001.

Greenpeace, "El otro récord de Proárbol", *Sala de prensa de Greenpeace*, México, 3 de julio de 2008.

Gros, Daniel y Steinherr, Alfred, *Economic Transition in Central and Eastern Europe: Planting the Seeds*, Cambridge University Press, Cambridge, 2004.

Guerrero, Isabel, Luis Felipe López y Michael Walton, *La trampa de la desigualdad y su vínculo con el bajo crecimiento en México*, Banco Mundial, 2004.

Guillén, Fedro Carlos (coord.), *Instituto Nacional de Ecología, Quince años de políticas ambientales en México. Memoria testimonial*, Secretaría de Medio Ambiente y Recursos Naturales-Instituto Nacional de Ecología, México, 2007.

Haines, Stephen G., *The systems thinking approach to strategic planning and management*, St. Lucie Press, Estados Unidos, 2000.

Hansen, Roger D., *La política del desarrollo mexicano*, Siglo XXI Editores, México, 1969.

Hasegawa, Sukehiro, "Development Cooperation", UNU *Global Seminar*, 1st Kanazawa Session, Japón, 2001.

Haughton, Graham y Colin Hunter, *Sustainable Cities*, Kingsley, Londres, 1994.

Heilig, G. K., *RAPS-China. A Regional Analysis and Planning System*, IIASA, Laxenburg, Austria, 2004.

————, *Sustainable rural development*, IIASA, Laxenburg, Austria, 2004.

Heilig, Gerhard, Anja Wickenhagen y Adriana Pontieri —, *Innovate Rural Development Initiatives. Case of Study 2: Vijandimaa. Ecoturism in Estonia*, IIASA, Laxenburg, Austria, 2002.

Heilig, Gerhard, Anja Wickenhagen y Adriana Pontieri, *Innovate Rural Development Initiatives. Case of Study 1: Scheunenhof. A project to promote direct marketing of organic farming products in Eastern Germany*, IIASA, Laxenburg, Austria, 2002.

HM Treasury Stern Review, *Stern Review: La Economía del cambio climático*, Londres, 2007.

Instituto Ciudadano de Estudios Sobre la Inseguridad A.C. (ICESI), *Cuarta Encuesta Nacional sobre Inseguridad Urbana*, ICESI, México, 2006.

Instituto Mexicano para la Competitividad (IMCO) y la Escuela de Graduados en Administración Pública y Política Pública del Instituto Tecnológico de Estudios Superiores de Monterrey (EGAP), *Indice de Competitividad Estatal 2006*, IMCO-ITESM, México, 2006.

Instituto Mexicano para la Competitividad (IMCO), *Preparando a las entidades federativas para la competitividad 10 mejores prácticas*, IMCO, México, 2006.

Instituto Nacional de Desarrollo Social (INDESOL), *Encuesta Nacional sobre el desarrollo institucional Municipal 2000*, INDESOL, México.

Instituto Nacional de Ecología (INE), *Plan Estratégico 2001-2006*, INE, México, 2001.

Instituto Nacional de Estadística e Informática (INEI), *¿Qué es la teoría general de sistemas?*, INEI, Perú, sin año.

Instituto Nacional de Estadística, Geografía e Informática (INEGI), *Censos Económicos 2004*, INEGI, México, 2004.

————, *Censo de Población y Vivienda 2010*, INEGI, México, 2011.

Instituto Nacional de Estadística, Geografía e Informática (INEGI), *Encuesta Nacional sobre la Dinámica de las Relaciones en los Hogares 2006*, INEGI, México, 2006.

————, *La Calidad de la Educación Básica en México 2006*, INEE, México, 2006.

Instituto Tecnológico de Estudios Superiores de Monterrey (ITESM) y World Bank Institute (WBI), *Encuesta del Programa Gobierno Abierto y Participativo Federal del 2001*, ITESM-WBI, México.

Lamartine Yates, Paul, *El Desarrollo Regional de México*, Banco de México, México, 1961.

Latinobarómetro Opinión Pública Latinoamericana, *Latinobarómetro 2008*, Corporación Latinobarómetro Santiago de Chile, Chile, 2008.

Lederman, Daniel, William F Maloney y Luis Serven, *Lecciones del tratado de libre comercio de América del norte para los países de Latinoamérica y el Caribe*, Banco Mundial, 2003.

Levy, Santiago y Evelyn Rodríguez, *Sin herencia para la pobreza: El Programa Progresa-Oportunidades de México*, Banco Interamericano de Desarrollo-Editorial Planeta, México, 2005.

Levy, Santiago, *Good Intentions, Bad Outcomes: Social Policy, Informality, and Economic Growth in Mexico*, Brookings Institution Press, Washington, 2008.

Lezama, José Luis, *El medio ambiente hoy, Temas cruciales del debate contemporáneo*, El Colegio de México, México, 2001.

Linz, Juan y Stepan, Alfred, *Problems of Democratic Transition and Consolidation. Southern Europe, South America, and Post-Communist Europe*, The Johns Hopkins University Press, Estados Unidos, 1996.

Lucas, Robert E., "On the Mechanics of Economic Development", *Journal of Monetary Economics*, vol. 22, 1988, p. 3-42.

Luhmann, Niklas, *Sociedad y sistema: la ambición de la teoría*, Paidos, España, 1990.

Mardones, José María y N. Ursua, *Filosofía de las ciencias humanas y sociales: materiales para una fundamentación científica*, Fontamara, Barcelona, 1982.

Martínez de Ita, Eugenia, "El concepto de productividad en el análisis económico", *Aportes*, Revista de la Facultad de Economía de la BUAP año III, número 7, México, 1998.

Mayntz, Renate, "El Estado y la sociedad civil en la gobernanza moderna", *Revista del CLAD Reforma y Democracia*, núm. 21, Caracas, 2001.

Meadows, Donella H., Dennis L. Meadows, Jørgen Randers y William W. Behrens III, *The Limits to Growth*, Universe Books, Nueva York, 1972.

Meadows, Donella H., *Thinking in systems. A primer*, Sustainability Institute, Estados Unidos, 2008, p. 167.

Medina González, Sergio, *Recursos Humanos y Población en México en el umbral del siglo XXI Una perspectiva regional*, Universidad de Guadalajara, México, 2003.

Merino, Belén, "Entrevista: Juan Rafael Elvira Quesada", *Expansión*, julio de 2008, México.

Merino, Mauricio, "Los gobiernos municipales de México: El problema del diseño institucional", *Documento de Trabajo No. 145.*, Centro de Investigación y Docencia Económica (CIDE), México, 2004.

Meyer, Lorenzo, *Liberalismo autoritario. Las contradicciones del sistema político mexicano*, Océano, México, 1995.

Molina, Mario, *Testimonio de Mario Molina en la Audiencia del Comité de Energía y Recursos Naturales*, Universidad de California, San Diego, 21 de julio de 2005.

Montoya Martín del Campo, Alberto, *México hacia el 2025*, Centro de Estudios Estratégicos Nacionales; Editorial Limusa; Instituto Politécnico Nacional; Universidad Autónoma Metropolitana; Universidad Iberoamericana, México, 2003.

Moreno, José Luis, "«Concordia» y «Paz» en Aurelio Prudencio", *Anuario de historia de la Iglesia*, No. 3, 1994.

Muñoz Ledo, Porfirio, "Apertura política para el desarrollo", *Ponencia presentada en el Seminario sobre sistema político mexicano*, Instituto de Estudios Latinoamericanos, Universidad de Texas, Austin, 1971.

Naciones Unidas México y Gobierno Federal, *Los Objetivos de Desarrollo del Milenio en México: Informe de Avance 2006*, Gabinete de Desarrollo Humano y Social /Comisión Intersecretarial de Desarrollo Social, México, 2006.

Naciones Unidas, *Conferencia Mundial de Derechos Humanos: Declaración y Programa de Acción de Viena*, Naciones Unidas, Viena, 14 a 25 de junio de 1993.

Naciones Unidas, *Declaración de Johannesburgo sobre el Desarrollo Sostenible,* Naciones Unidas, Johannesburgo, 2002.

Naciones Unidas, *Declaración de Río sobre el Medio Ambiente y el Desarrollo*, Naciones Unidas, Río de Janeiro, 1992.

———, *Declaración sobre el Derecho al Desarrollo*, Naciones Unidas, 1986.

———, *Declaración Universal de los Derechos Humanos*, Naciones Unidas, disponible en http:// www.un.org/es/documents/udhr/index.shtml#atop.

Nadal, Alejandro (Ed.), *Obras Escogidas de Víctor L. Urquidi, Desarrollo Sustentable y Cambio Global,* El Colegio de México, México, 2007.

Nava, Roberto, Juan Gastó y Roberto Armijo, *Ecosistema, la unidad de la naturaleza y el hombre*, Serie Recursos Naturales, Universidad Autónoma Agraria Antonio Narro, Saltillo, 1979.

North, Douglass, *Instituciones, Cambio Institucional y Desempeño Económico*, Fondo de Cultura Económica (FCE), México, 1993.

Nussbaum, Martha y Sen, Amartya, (comp.), *La calidad de vida*, The United Nations University, Fondo de Cultura Económica (FCE), México, 1996.

Organización de las Naciones Unidas para la Agricultura y la Alimentación (FAO), *Abastecimiento y distribución de alimentos en las ciudades de los países en desarrollo y de los países en trencisión*, FAO, Roma, 2007.

Organización de las Naciones Unidas para la Educación, Ciencia y Cultura (UNESCO), *Secundary Education Reform: Towards a convergence of Knowledge Acquisition and Skills Development*, Francia, 2005.

Organización para la Cooperación y Desarrollo Económico (OCDE), *Estudios Económicos de la OCDE, México*, OCDE, México, 2007.

Organization for Economic Co-operation and Development (OECD), *Measuring Productivity*, OECD, Francia, 2001.

Organization for Economic Co-operation and Development (OECD), *OECD Factbook 2010, Economic, Environmental and Social Statistics*, OECD, 2010. Consultar: http://www.oecd-ilibrary.org/economics/oecd-factbook_18147364 (última revisión, mayo de 2011).

Ortega y Gasset, José, *El tema de nuestro tiempo*, Editorial Porrúa, México, 2005.

Ortega, Alberto, Carlos Martínez y Vanesa Zárate (eds.), *Gobernabilidad: nuevos actores, nuevos desafíos. Memorias 2002*, IBERGOP-México, México, 2003.

Paz, Octavio, *Discurso en la ceremonia de entrega del Premio Cervantes*, 1981.

————, *Tiempo Nublado*, Editorial Seix Barral, Barcelona, 1983.

Pérez-Gea, Armando, *Retos de Infraestructura Básica Municipal*, North America Development Bank, Estados Unidos, 2009.

Ponce Adame, Esther, "Dificultades del desarrollo y vinculación externa de los municipios mexicanos: competitividad y cooperación", en Mendoza, Juan, *Políticas públicas: cambio social e institucional*, Universidad Autónoma Metropolitana (UAM), México, 2005.

Porter, Michael, *The Competitive Advantages of Nations*, Free Press, Nueva York, 1995.

Presidencia de la República, *México Visión 2030*, Presidencia de la República, México, 2007.

————, *Plan Nacional de Desarrollo 2001-2006*, Presidencia de la República, México, 2001.

————, *Plan Nacional de Desarrollo 2007-2012*, Presidencia de la República, México, 2007.

Presidencia de la República, *Programa de Desarrollo Humano Oportunidades*, Gobierno Federal, México DF, 2008.

————, *Programa Institucional Oportunidades 2002-2006*, México D.F., 2003

————, *Progresa: Programa de Educación, Salud y Alimentación*, México DF, 1997.

————, *Vivir Mejor. Política Social del Gobierno Federal*, Gobierno de la República, México, 2008.

Programa de las Naciones Unidas para el Desarrollo (PNUD), *Encuesta Nacional sobre Capital Social en el Medio Urbano México 2006*, PNUD Y SEDESOL, México, 2007.

————, *Informe sobre el Desarrollo Humano, México 2004*, México, 2005.

Programa de las Naciones Unidas para el Desarrollo (PNUD), *La democracia en América Latina: hacia una democracia de las ciudadanas y los ciudadanos*, PNUD, 2004.

————, *Índice de Desarrollo Humano Municipal en México 2000-2005*, PNUD, México, 2008.

Quiroga, Lavié Humberto, *Los derechos públicos subjetivos y la participación social*, Ediciones Buenos Aires Depalma, Buenos Aires, 1985.

Ranis, Gustav y Frances Stewart, "Crecimiento económico y desarrollo humano en América Latina", *Revista de la CEPAL*, núm. 78, diciembre 2002, Chile, p. 7-24.

Rawls, John, *Teoría de la Justicia*, Fondo de Cultura Económica (FCE), México, 2006.

Reyes Heroles, Federico, "Competitividad Internacional basada en la Economía del Conocimiento", *presentación para la Asociación Mexicana de la Industria de Tecnologías de Información*, México, 2006.

Reyes, Daniel, "Llama la OEA a evitar caudillismos", *Mural*, México, 23 de septiembre de 2007.

Rincón Gallardo, Gilberto, *Discriminación e igualdad de oportunidades*, Conferencia del Consejo Nacional para prevenir la Discriminación, Yucatán, 2004.

Rionda Ramírez, Jorge, *Contextos del desarrollo regional en México*, Centro de Investigaciones Humanísticas de la Universidad de Guanajuato, México, 2005.

Rodríguez-Pose, Andrés y Javier Sánchez-Reaza, "Economic polarisation through trade: the impact of trade liberalization on Mexico's regional growth", *Documento de trabajo presentado en Cornell/LSE/Wider Conference on Spatial Inequality and Development*, London School of Economics, Londres, 2002.

Rousseau, Jean-Jacques, *El Contrato Social*, Grupo Editorial Tomo, México, 2006.

Rubio, Luis, Oliver Azuara, Edna Jaime y César Hernández, *México 2025: el futuro se construye hoy*, Centro de Investigación para el Desarrollo, A.C. (CIDAC), México, 2006.

Sánchez Bernal, Antonio, "El municipio emprendedor: finanzas públicas y desarrollo local" en Lorey, David E. y Basilio Verduzco, *Realidades de la Utopía. Demografía, trabajo y municipio en el occidente de México*, Universidad de Guadalajara-UCLA, Juan Pablos Editor, 1997.

Sánchez-Reaza, Javier y Andrés Rodriguez-Pose, "The Impact of Trade Liberalization on Regional Disparities in Mexico", *Growth and Change*, vol. 33, núm. 1, 2002, p. 72-90.

Sarmiento, Julio, "Políticas públicas para el desarrollo sustentable local. Nuevos escenarios y desafíos", *Escenarios*, núm. 10, febrero, Buenos Aires, 2006.

Sartori, Giovanni, *¿Qué es la democracia?*, Taurus, España, 2003.

Schmelkes, Sylvia, "La calidad parte del reconocimiento de que hay problemas" y "La calidad en el plantel y en su contexto", en *Hacia una mejor calidad de nuestras escuelas*, México, Secretaría de Educación Pública (SEP), 1995.

Schumpeter, Joseph A., *Historia del Análisis Económico*, Ariel, Barcelona, 1982.

————, *Capitalism, Socialism and Democracy*, Routledge, 1994.

Schwab, Klaus (Ed.), *The Global Competitiveness Report 2010–2011*, World Economic Forum, Suiza, 2011.

Scott, John, "Progresa, igualdad de oportunidades y dinámicas de la pobreza en México", en *Alivio a la pobreza, análisis del Programa de Educación, Salud y Alimentación dentro de la política social: memoria del seminario*, Centro de Investigaciones y Estudios Superiores en Antropología Social (CIESAS), Programa de Educación, Salud y Alimentación (Progresa), México D.F., 1998.

Secretaría de Desarrollo Social (SEDESOL) y Consejo Nacional para Prevenir la Discriminación (CONAPRED), *Primera Encuesta Nacional sobre Discriminación en México*, México, 2005.

Secretaría de Gobernación (SEGOB) y Consejo Nacional de Población (CONAPO), *México ante los Desafíos del Milenio. Diagnóstico de la Magnitud de la Desnutrición Infantil en México*, CONAPO, México, 2005.

Secretaría de Hacienda y Crédito Público, *La planeación del desarrollo en la década de los noventa. Antología de la planeación en México*, Tomo 22, SHCP y FCE, México, 1992.

Sen, Amartya, "Development as Capability Expansion", *Journal of Development Planning*, núm. 19, 1989, pp. 41-58.

————, "La democracia como valor universal", *Revista Istor*, año I, núm. 4, 2001, pp. 10-26.

————, *Freedom as development*, Oxford University Press, 1999.

Senge, Peter M., *La quinta Disciplina*, Editorial Granica, Barcelona, 1990.

Sierra Fonseca, Ronaldo, "Integración social y equidad en la perspectiva del desarrollo humano sostenible", en *Colección, cuadernos de desarrollo sostenible 1*, PNUD, Tegucigalpa, 2001.

Siliceo Aguilar, Alfonso, *Líderes para el Siglo XXI*, Mc Graw Hill, México, 1997.

Simon, Herbert, "A Behavioral Model of Rational Choice", *Models of Man, Social and Rational: Mathematical Essays on Rational Human Behavior in a Social Setting*, Nueva York, 1957.

Sirageldin, Ismail, "Sustainable Human Development in the Twenty First Century: An Evolutionary Perspective", en Sirageldi, Ismail (Ed.), *Sustainable Human Development*, UNESCO, Reino Unido, 1991.

Smith Acuña, Shelly, *Systems Theory in action: applications to individual, couples and family therapy*, John Whiley & Sons Inc., Estados Unidos, 2011.

Smith, Adam, *La teoría de los sentimientos morales*, Fondo de Cultura Económica (FCE), México, 2004.

Sociedad en Movimiento, *Paz, concordia y unidad*, 6 de septiembre de 2006.

Solow, Robert M., *Growth Theory: An Exposition*, Oxford University Press, Estados Unidos, 2000.

————, "Sustainability: An Economist's Perspective", *The Eighteenth J. Seward Johnson Lecture*, Woods Hole Oceanographic Institution, Woods Hole, Massachusetts, junio 14, 1991.

————, "Intergenerational Equity and Exhaustible Resources", *The Review of Economic Studies*, Vol. 41, Symposium on the Economic Exhaustible Resources, Estados Unidos, 1974, pp. 29-45.

Spinoza, Baruch, *Tratado político*, Alianza Editorial, Madrid, 2004.

Stiglitz, Joseph, *El malestar en la globalización*, Editorial Taurus, España, 2002.

Strulik, Holger, "On the Mechanics of Economic Development and non- Development", *Documento de trabajo 9904*, Cambridge University, Reino Unido, pp. 1-22.

Suárez, Vicente, "Intervención de Vicente Suárez en la Conferencia de Sujetos del Derecho Ambiental: Humanos y no Humanos", *Serie de Diálogos Plurales sobre el Medio Ambiente 2009*, Centro de Estudios Demográficos, Urbanos y Ambientales (CEDUA), Colegio de México, México, 2009.

Székely, Miguel, "La Desigualdad en México: Una Perspectiva Internacional", *Documento de trabajo*, 1999.

Tamayo, R., "The determinants of industrial growth across Mexican regions. A review of empirical evidence and the role of public polices", *Documento de Trabajo 57*, Centro de Investigación y Docencia Económica (CIDE), México, 1997.

Teissier, F. y Honorato, C., *El enfoque de sistemas y la ecología*, Facultad de Sistemas, Universidad Autónoma de Coahuila, México, 1994.

Todaro, Michael y Stephen C. Smith, *Economic Development*, Addison Wesley Longmann, Estados Unidos, 2009.

Transparencia Mexicana, *Índice Nacional de Corrupción y Buen Gobierno de transparencia Mexicana: Posición por Entidad Federativa 2001-2005*, Transparencia Mexicana, México, 2006.

Travieso, Juan Antonio, *Derechos Humanos y Derecho Internacional*, Editorial Heliasta, Argentina, 1990.

Ul Haq, Mahbub, *Reflections on Human Development*, Oxford University Press, New York, 1995.

United Nations Development Programme (UNDP), *Human Development Report 1990*, Oxford University Press, New York, 1990.

————, *Human Development Report 1991*, Oxford University Press, Nueva York, 1991.

————, *Human Development Report 1994*, Oxford University Press, Nueva York, 1994.

————, *Human Development Report 2005*, Oxford University Press, Nueva York, 2005.

————, *Human Development Report 2006*, Oxford University Press, Nueva York, 2006.

————, *Human Development Report 2007/2008, Fighting Climate Change: Human solidarity in a divided world*, UNDP, Nueva York, 2007.

———· *Human Development Report 2010, The Real Wealth of Nations: Pathways to Human Development*, UNDP, Nueva York, 2010.

————, *Investing in Development, A Practical Plan to Achieve the Millennium Development Goals*, UNDP, Londres 2005.

United Nations Framework Convention on Climate Change (UNFCCC), *Texto de la Convención Marco sobre el Cambio Climático*, UNFCCC, disponible en http://unfccc.int/2860.php

United Nations World Commision on Enviroment and Development (UNWCED), *Our Common Future: Report of the World Commission on Environment and Development*, Oxford University Press, Oxford, 1987.

Van Gigch, John P., *Teoría General de Sistemas*, Trillas, México, 2008.

Vergara Anderson, Luis, "De cómo Russell Ackoff y Stanford Beer llegaron a condenar a México, y de cómo Niklas Luhmann nos ayuda a comprender sus extravíos y también alguno de los nuestros", *Revista Umbral XXI*, núm. 21, verano, Universidad Iberoamericana (UIA), México, 1996.

Vickers, Geoffrey, "A classification of systems", *Yearbook of the society for general systems research*, Society for General Systems Research, Estados Unidos, 1972.

Villareal, René y Rocío Ramos, "La apertura de México y la paradoja de la competitividad: hacia un modelo de competitividad sistémica", *Revista de Comercio Exterior*, México, 2001.

Wade, Robert, *El mercado dirigido. La teoría económica y la función del gobierno en la industrialización del este de Asia*, FCE, México, 1999.

Woldenberg, José, "En el México plural está el motor del cambio", en Gastón Luken y Virgilio Muñoz (Editores), *Escenarios de la Transición de México*, Grijalbo, México, 2003.

Zambrano, María, *Persona y democracia*, Anthropos, Barcelona, 1988.

Ziccardi, Alicia, "Seminario Progresa y la política social", en *Alivio a la pobreza, análisis del Programa de Educación, Salud y Alimentación dentro de la política social: memoria del seminario*, Centro de Investigaciones y Estudios Superiores en Antropología Social (CIESAS), Programa de Educación, Salud y Alimentación (PROGRESA), México, 1998.

Índice

PENSAR EL FUTURO.
EL DESARROLLO HUMANO SUSTENTABLE EN MÉXICO
DE SERGIO MEDINA GONZÁLEZ,
se terminó de imprimir en mayo de 2012
en los talleres de Grupo Gráfico Editorial S.A. de C.V.,
Calle B no. 8, Parque Industrial Puebla 2000,
en la Heroica Puebla de Zaragoza.
El tiraje consta de 5000 ejemplares.